나는 **자기계발서를 읽고 벤츠를 샀다**

저자 일러두기

1. 이 책에서 사용되는 '잘살다'라는 말은 일부 경우를 제외하면 거의 다 '경제적으로 부유하게 살다'라는 의미로 사용했다.
2. 본문에서 언급하는 '자기계발서'는 기본적으로 '성공학' 및 '처세' 관련 분야의 책들을 일컫는다. 자기계발서 분야의 책들이 많이 팔리면서 인문·고전 관련 책들도 자기계발서 분야로 출간되는 경향이 있어 미리 알려둔다.

어느 경영학 교수의 대담한 고백

나는 자기계발서를 읽고 벤츠를 샀다

| 최성락 지음 |

아템포

나는 자기계발서를 읽고 벤츠를 샀다

우선 내 이야기를 하자. 나는 한국에서 소위 말하는 명문대학을 나왔다. 대학을 졸업한 이후에도 대학원에 진학해 공부를 계속했다. 대학원을 졸업하면서 석사 학위를 받았고, 또 박사에 도전해서 박사 학위도 받았다. 소위 한국의 명문대에서 학사, 석사, 박사 학위를 모두 취득했다. 박사 학위를 받은 다음에는 바로 직장을 얻었다. 박사 학위를 가지고 있었기 때문에 교수가 될 수 있었다. 한국에서 교수라는 직업은 사회적으로 괜찮은 평판을 얻는다. 나는 그렇게 교수가 되어 지금까지 교수 생활을 하고 있다.

자, 이 정도의 프로필이면 어떤가? 한국에서 명문대를 졸업하고 그 명문대에서 박사 학위까지 받아 교수까지 되었다. 많은 사람이 소위 이상적으로 생각하는 '스펙'이다. 사회에서 많은 사람이 바라고 추구하는 스펙이기도 하다. 그러면 이런 스펙을 가진 나는 정말로 경제적으로 잘살아야 하지 않을까? 명문대를 나와서 교수라는 직업까지 가지고 있으면 잘살아야 하는 게 아닐까?

경험자로서 분명히 말할 수 있다. 소위 명문대를 나오는 것, 그리고 사회적으로 좋은 직장을 가지는 것은 경제적으로 잘사는 것과 아무 상관없는 일이다. 나는 명문대를 졸업하고 박사 학위를 받고 사회적으로 좋은 직장을 얻었다. 그 결과 내게 남은 것은 4000만 원대의 연봉이다. 세금을 다 떼고 나면 월급 200만 원대를 받는 샐러리맨이다. 사회적으로 볼 때 절대 잘사는 게 아니다. 벤츠와 같은 외제 자동차를 사는 일은 꿈도 꿀 수 없다. 서울에서 아파트를 사는 것도 불가능했다. 그저 보통 대학을 나와서 일반 직장을 다니는 사람들, 혹은 대학을 나오지 않고 회사에 다니는 사람들과 비교했을 때 경제적으로 큰 차이가 있는 것도 아니다. 명문대를 나온 경우나, 일반 대학을 나온 경우나 1년에 버는 실질적인 수입은 큰 차이가 없었다.

명문대를 나오기는 했지만 전공이 돈과 관계가 없는 분야라서 그랬을까? 그런 것도 아니다. 나는 경제학부 출신이다. 경영학도 전공했다. 대학의 모든 전공 중에서 돈 버는 것과 가장 밀접한 과목이다. 그러나 이렇게 돈과 관련된 과목을 전공했어도 막상 벤츠 같은 외제 자동차는 꿈도 꿀 수 없었다.

그렇다면 다른 가정도 해보자. 명문대 경제학부를 나오기는 했지만 내가 똑똑하지 못해서 벤츠를 살 만한 능력이 없었던 걸까? 내 대학 동기들을 보자. 모두 명문대에서 경제학을 전공한 사람들이다. 그 동기 중 많은 사람이 이름을 대면 알 만한 좋은 직장에 다니고 있다. 변호사, 회계사 같은 전문직들도 많다. 하지만 그중에서 벤츠 같은 외제 자동차를 타고 다니는 사람은 얼마나 될까? 거의 없다. 명문대에서 사회에서 선호하는 전공과목을 배워 사회적 평판이 좋은 직장을 얻었지만 벤츠, BMW, 아우디 같은 고급 차를 타는 사람은 거의 없다.

그래서 분명히 말할 수 있다. 공부를 잘하는 것과 나중에 경제적으로 잘사는 것은 별로 상관이 없다. 좋은 대학에 다니는 것, 좋은 직장을 얻는 것 역시 모두 경제적으로 잘사는 것과 별로 관계가 없다. 먹고 살기는 한다. 중산층으로 살아갈 수는 있다. 하지만 벤츠를 탈 수 있는 건 아니다. 우리는 어려서부터 공부를 잘하고, 좋은 대학을 나오고, 좋은 직장을 가지면 잘살 수 있다고 생각하며 지내왔다. 하지만 이런 것들을 잘해나간다고 해도 벤츠를 탈 수 있는 건 아니었다.

몇 년 전, 박사 학위를 취득하고 교수로 생활하는 중이었다. 그즈음부터 소위 자기계발서를 많이 읽었다. 자기계발서의 내용이 아주 좋고 배울 게 많아서 읽었던 것은 아니다. 직업 때문에 내가 주로 읽는 책은 전공과 관련된 학술 서적, 그리고 학술 논문들이다. 특히 학술 논문들을 많이 읽는다. 그런데 이런 글들은 상당히 어렵다. 집중해서 읽어야 하고, 많이 읽으면 머리가 아프다. 그럴 때는 좀 쉽고 간편하게 읽을 만한 거리를 찾는다. 별다른 생각 없이 쉽게 책장을 넘길 수 있는 책을 구한다. 그렇게 해서 읽은 책들이 자기계발서다. 나는 자기계발서를 뭔가 배우기 위해서 읽은 것이 아니라, 소위 머리를 쉬게 하고 싶을 때 심심풀이 삼아 재미로 읽었다.

그렇게 자기계발서를 100여 권 읽다 보니 한 가지 사실을 깨닫게 되었다. 자기계발서가 하는 말들이 거의 다 비슷비슷하다는 것이다. 자기계발서마다 "이렇게 하라", "저렇게 하라"라고 요청하는 내용들이 대부분 유사했다. 그렇게 그런 지침들을 계속 읽다가 어느 순간 이런 생각이 들었다.

'모든 자기계발서가 다 비슷한 말들을 하네. 난 그동안 그저 이 책들을 읽기만 하고 있었는데, 자기계발서가 하라는 대로 한번 해볼까?'

그때까지는 읽기만 했는데, 읽은 내용을 행동으로 옮겨봐야겠다는 생각은 그때 처음으로 하게 됐다. 제일 먼저 한 일은 '인생의 비전과 목표를 구체적으로 정하기', '인생의 시간표를 작성하기', '바라는 것을 종이에 적기'였다. 특별한 내용은 아니다. 많은 자기계발서가 하라고 추천하는 것들이다. 그때 난 그저 막연히 원하던 것들 중 6가지를 골라 적었다. 그중에 하나가 '벤츠 구매하기'였다.

벤츠 구매하기. 이렇게 종이에 쓰면 정말로 벤츠를 살 수 있으리라고 생각하고 쓴 건 아니다. 당시 내가 타고 다니던 차는 SM3였다. 소나타, 그랜저도 아니고 SM5, SM7도 아니고 SM3였다. 일반적으로 사람들은 소나타나 그랜저를 타다가 다음에는 벤츠로 바꿔볼까 하고 생각할 수 있다. 하지만 SM3 소형차를 타면서 다음에는 벤츠를 사게 될 거라고는 생각하지 않는다. 나도 그랬다. SM3를 타고 다니면서 다음에는 고급 외제 자동차를 사게 되리라고는 정말로 예상할 수 없었다. 그때 종이에 적은 '벤츠 구매하기'는 앞으로 이룰 가능성이 높다고 생각해서 쓴 계획이 아니라, 정말 단순한 소망이자 앞으로의 꿈이었을 뿐이다.

그로부터 3년이 되지 않아 나는 정말로 중형급 벤츠를 샀다. 그다음에는 사는 집이 달라졌다. 처음으로 자기계발서에서 하는 말에 따라 6개의 목표를 적었을 때 그중에 하나로 '타워팰리스에서 살아보기'를 적었다. 한국에서 가장 유명한 주거 단지 중 하나인 강남 도곡동 타워팰리스에서 한번 살아보고 싶었다. 그래서 벤츠 사기와 더불어 타워팰리스에서 살기도 적었다. 그 이전에는 23평짜리 오피스텔에서 살았다. 타워팰리스에서 살길 바라는 건 말이 안 되는 일이었다. 그런데 벤츠를 사고 난 뒤 채 1년도 되지 않아 나는 타워팰리스로 이사했다.

벤츠를 몰며 타워팰리스에서 사는 현실이 실제로 이루어지자 절실한 깨달음을 얻었다.

"자기계발서에서 하는 말들이 맞았구나!"

"자기계발서에서 시키는 대로 했더니 정말로 되는구나!"

나는 지금처럼 내 삶을 변화시킨 게 바로 이 자기계발서들임을 인정할 수밖에 없었다.

정말 우스운 일이다. 소위 명문대에서 경제학을 배웠지만 그 지식은 내게 좋은 차와 좋은 집을 가져다주지 못했다. 박사 학위를 받아도 생계는 해결하게 해주었을지언정 벤츠 같은 호화로운 생활을 보장하지는 못했다. 전공 서적, 학술 논문들을 많이 읽고 많이 썼지만, 이런 것들이 내게 실질적인 변화를 가져다주지는 못했다. 전혀 엉뚱하게도 자기계발서가 나의 삶을 변화시켰다.

소위 학자들은 자기계발서를 제대로 된 책으로 보지 않는다. 수준이 낮고 질이 떨어진다고 생각한다. 그런데 그 자기계발서가 내 삶을 변화시켰다. 이제는 분명히 말할 수 있다. 내 삶에 가장 큰 영향을 미친 것은 학위 논문이 아니고, 그동안 읽은 많은 학술 논문들도 아니다. 자기계발서들이다. 이 자기계발서들이 나의 삶을 실질적으로 변화시켰다. 벤츠를 사려면 공부를 열심히 할 게 아니라 자기계발서를 읽어야 했다.

이 책은 벤츠, BMW, 아우디 같은 차들을 타고 싶어 하는 사람들과 내 경험을 나누려고 쓰기 시작했다. 공부를 잘하는 것, 좋은 직장을 가지는 것은 벤츠를 타는 것과 관련이 없다는 것, 그리고 벤츠를 타려면 자기계발서를 읽는 게 가장 빠른 길이라는 사실을 알려주기 위해 이 책을 쓴다.

차례

프롤로그_ 나는 자기계발서를 읽고 벤츠를 샀다　4

| 1장 |
Case Study
벤츠, 어떻게 하면 살 수 있을까

벤츠, 솔직히 욕심 아닌가?　16
욕망을 다스리는 2가지 방법　22
벤츠를 사려면 연 수입이 얼마나 되어야 할까?　28
잘못 알고 있는 벤츠 구입 조건 1_ 공부를 잘하면 된다?　34
잘못 알고 있는 벤츠 구입 조건 2_ 좋은 직장을 다니면 된다?　40
잘못 알고 있는 벤츠 구입 조건 3_ 꿈을 달성하면 된다?　47
잘못 알고 있는 벤츠 구입 조건 4_ 성실하게 살면 된다?　53
잘못 알고 있는 벤츠 구입 조건 5_ 선진국이 되면 된다?　59
벤츠를 사려면 자기계발서를 읽어라!　65

| 2장 |
절대 무시해선 안 되는 자기계발서의 힘

자기계발서에 가장 많이 나오는 이야기　74

자기계발서는 경영학이다!　80

자기계발서는 심리학이다!　86

목표를 설정하면 나아진다　92

목표를 구체화하면 분명히 나아진다　98

긍정의 생각이 긍정의 결과를 부른다　104

계속 시도하는 힘　110

꿈을 종이에 적는다는 것　116

이제, 변화의 시간을 기꺼이 인내하라!　122

| 3장 |
행동하지 않는 자여,
왜 자기계발서를 욕하는가!

책 한 권이 인생을 바꾼다?　130
자기계발서는 '순간의 마약'이다?　136
자기계발서는 좋은 책, 명저가 아니다?　143
자기계발서는 수준 낮은 책이다?　149
인생은 그렇게 간단하지 않다?　155
자기계발서를 읽은 사람이 다 성공하는 건 아니다?　160
자기계발서는 세상 물정 모르는 이들의 책이다?　166
책을 읽는다고 현실이 바뀌는가?　172
자기계발서는 얄팍한 마케팅의 산물이다?　178

| 4장 |
자기계발서, 어떻게 읽을 것인가

자기계발서는 100년의 역사를 가진 베스트셀러다 186

계속 읽어라, 어느 순간 바뀐 인생을 만날 것이다 192

자기계발서는 모든 꿈을 다 이뤄주는가? 198

자기계발서와 행복의 상관관계 205

자기계발서 읽는 법 1_ 어떤 책을 읽을 것인가 211

자기계발서 읽는 법 2_ 몇 권을, 얼마나 읽어야 하는가 217

자기계발서 읽는 법 3_ 정독인가, 속독인가 223

자기계발서 읽는 법 4_ 실행하고 이용하라 229

어제와 다른 오늘을 위하여 235

에필로그_ 꿈을 적은 이후부터 벤츠를 살 때까지의 짧은 실행기 242
부록_ 교수가 사랑한 자기계발서 10 250

1장

Case Study
벤츠, 어떻게 하면
살 수 있을까

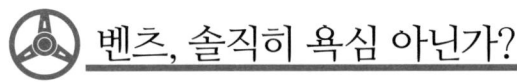# 벤츠, 솔직히 욕심 아닌가?

2013년 초의 일이다. 혜민 스님과 개그맨 양상국 씨의 이야기가 유명세를 탔다. 양상국 씨는 '개그콘서트'에서 시골에서 서울로 올라온 '촌놈' 이미지로 성공한 개그맨이다. 이 양상국이 힐링으로 유명한 혜민 스님에게 고민을 토로한다.

"저는 외제 자동차, 고급 차에 집착하는 마음이 생깁니다. 어떻게 해야 외제 자동차에 집착하는 마음을 버릴 수 있는지 모르겠습니다."

혜민 스님은 양상국에게 다음과 같은 처방을 해주었다.

"양상국 씨는 고급 외제 자동차에서 서울의 세련미를 느끼고 있습니다. 양상국 씨는 스스로 시골 촌놈이라고 생각하는 콤플렉스가 있고, 이 콤플렉스 때문에 서울의 세련미를 상징하는 고급 외제 자동차를 원하는 거지요. 그러니 시골 촌놈이라는 콤플렉스를 없애려고 노력하면 고급 외제 자동차에 대한 집착도 사라질 것입니다. 스스로 아주 세련된 사람으로 생각하는 것이 중요합니다."

혜민 스님의 처방은 구구절절 옳다. 많은 사람이 이런저런 이유로 고급 외제 자동차에 콤플렉스를 가지고 있다. 그 콤플렉스를 치유하면 고급 외제 자동차를 갖고 싶어 하는 욕망도 없어진다. 스스로 마음을 다스리고 욕망의 원천을 파악하면, 물건에 대한 집착이 없어지고 평안한 마음을 얻을 수 있다.

살 수 없다면 차라리 고급 외제 자동차를 가지려는 욕망을 없애는 게 마음의 평안을 얻는 좋은 방법이다. 생각해보면 벤츠, BMW, 아우디와 같은 고급 외제 자동차를 타고 싶어 하는 건 욕심이자 욕망이다. 차는 운송 수단일 뿐이다. 적당한 가격에 우수한 성능을 갖춘 차도 많다. 우리나라의 현대나 기아도 세계 10위권 안에 드는 유명한 자동차 회사이며 전 세계에 자동차를 수출하고 있다. 우리나라 차를 타도 충분하며 굳이 외제 자동차를 살 필요는 없다.

그럼에도 외제 자동차를 타고 싶은 마음을 못 버리는 이유는 소위 말하는 '된장남' 혹은 '된장녀'이기 때문일까? 주제에 어울리지 않게 욕심을 내고 사치를 부리는 건 아닐까? 사회에서 외제 자동차를 타는 사람을 인정해주니까 나도 사회에서 잘나가는 사람처럼 보이고 싶어서 그런 게 아닐까? 이러한 생각들이 엄습하면 사람들은 대개 이렇게 자위한다.

'우리나라 차도 충분히 좋아. 외제 자동차를 타는 건 욕망 때문이

야. 나는 이 욕망을 다스려야 해.'

'외제 자동차를 원하는 이유는 외제 자동차에 대한 콤플렉스 때문이야. 콤플렉스를 없애려고 노력해야 해.'

고급 외제 자동차를 바라는 것은 '욕망' 때문이다. 그리고 이 욕망을 없애려면 자신의 마음을 관찰하고 욕망의 원인(마음속에 있는 콤플렉스)을 제거해야 한다. 아니면 가격 대비 성능이라는 효율성에 가치를 두어 국산 차가 더 좋다고 인식하면 외제 자동차를 소유하고 싶어 하는 욕망을 버릴 수 있다.

분명 맞는 말이다. 욕망이라는 마음의 병을 고치려면 그 욕망의 원인을 제거하면 된다. 그런데 사실 욕망을 치유하는 한 가지 방법이 더 있다. 그 욕망을 충족시켜주면 된다. 당연한 얘기지만, 갖고 싶어 하는 대상을 실제로 가지면 더는 그 대상을 욕망하지 않는다.

욕망을 없애기 위해서 욕망을 충족시키는 방법은 사실 오랜 전통을 가진 마음 수련 방법이다. 불교 전통에서 마음을 수련해서 욕망을 버리는 방법은 크게 2가지가 있다. 하나는 선(禪)이다. 선은 스스로 욕망을 지워나가는 방법이다. 자신의 마음을 관찰해서 쓸데없는 욕망이 생기는 것을 통제하고 지워나간다. 그렇게 해서 쓸데없는 욕망이 일어나는 것을 아예 방지한다.

다른 하나의 방법은 탄트라(Tantra)다. 탄트라는 욕망이 발생했을 때 그 욕망을 충족시킴으로써 욕망에서 벗어나는 방법이다. 떡볶이를 먹고 싶으면 떡볶이를 먹는다. 그러면 떡볶이에 대한 욕망이 사라진다. 마찬가지로 스테이크가 먹고 싶은 욕망이 생기면 그냥 스테이크를 사 먹는다. 이렇게 자신의 욕망을 충족시킴으로써 욕망을 없애고, 그럼으로써 욕망에 대한 콤플렉스도 사라지게 하는 것이 탄트라다.

우선 자신에게 질문해보자. 나는 고급 외제 자동차를 타고 싶은가, 그렇지 않은가? 아무 상념 없이 자신의 가슴에 솔직하게 물어보라. '나는 벤츠, BMW, 아우디 같은 차를 몰고 싶은가?' 만약 당신의 마음이 '나는 그런 차를 원하지 않아, 아무 차나 괜찮아'라고 대답했다면 그것도 좋다. 세상에는 차에 관심 없는 사람도 많다. 좋은 차에 대해서 별다른 감정을 느끼지 않는 사람도 많다. 그런 사람들은 고급 외제 자동차에 대한 욕망도 없고 콤플렉스도 없다. 그저 자기가 원하는 차를 타면 된다.

그런데 자신에게 물어보았을 때 '솔직히 말하면 나는 벤츠를 타고 싶어'라는 생각이 들었다면 이야기가 달라진다. 벤츠를 가지고 싶지만 현재 당신은 벤츠를 가지고 있지 않다. 그러면 혹시 당신은 이런 식으로 생각하지 않는가?

'사실 나도 고급 외제 자동차를 타고 싶어. 하지만 나는 외제 자동차를 탈 만큼 성공하지도, 잘살지도 못해. 돈도 많이 못 벌었고 성공하지도 못했는데 내가 벤츠를 살 수 있겠어?'

'나도 고급 외제 자동차를 타고 싶어. 하지만 외제 자동차는 비싸. 같은 급의 한국 자동차보다 2배는 비싸잖아. 유지비도 많이 들어. 그러니 난 돈이 없어서 벤츠를 살 수 없어.'

'외제 자동차를 타고 싶은 마음은 굴뚝 같은데 외제 자동차를 타는 사람에게 쏟아지는 주위의 시선이 두려워. 내가 외제 자동차를 사면 주변 사람들은 내가 사치나 부리고 주제넘은 짓이나 하고 다닌다고 비난할 거야. 그러니 벤츠를 탈 순 없어.'

위 생각들은 내용은 다르지만 모두 공통점을 가지고 있다. 우선 자기 자신에게 실질적인 욕망이 있으나, 이런저런 방법을 동원해 그 욕망을 억제하려 한다. 하지만 이런 방법으로 욕망을 완전히 지우기란 대단히 어렵다. 단지 욕망이 겉으로 드러나지 않고 속으로 숨을 뿐이다. 욕망을 숨기는 수준이 아니라 완전히 없애는 것은 정말 높은 정신 수준이어야 가능하다. 욕망을 완전히 없애는 일은 부처님의 정신 수준에 다달아야 가능하다. 보통 사람들은 욕망을 없애는 것이 아니라 숨기고 있을 뿐이다. 그 욕망은 가슴속 깊이 잠재되어 있다.

이처럼 사람들은 욕망에서 벗어나기 위해 욕망을 억제하고 제어하고 지우려는 방법을 자주 쓰지만, 앞서 말했듯 욕망을 충족시켜서 벗어나는 방법도 있다. 여러분은 짜장면이 먹고 싶을 때 '짜장면이 먹고 싶지만 이 욕망을 다스려야 해'라면서 참지는 않을 것이다(물론 다이어트 중이라면 이야기가 달라지겠지만). 그냥 짜장면을 사 먹는다. 마찬가지다. 벤츠를 타고 싶으면 벤츠를 사면 된다. 벤츠를 타고 싶으면서도 '내가 어떻게……', '나중에 성공하면……', '벤츠를 타는 건 욕심이지……'라는 생각으로 벤츠를 사지 않는 일을 정당화할 필요는 없다. 물론 짜장면은 지금 당장 사 먹을 수 있지만, 벤츠를 지금 당장 사기는 어려울 것이다. 하지만 벤츠를 타고 싶다는 욕망이 있을 때, 벤츠를 사는 것이 그 욕망에 가장 충실하게 대응하는 방법이라는 사실에는 변함이 없다. 벤츠를 타고 싶으면서 이런저런 이유를 들어 욕망을 억제할 필요는 없다. 그냥 '벤츠를 사자'라고 마음먹고, 노력해서 벤츠를 직접 사는 것이 욕망을 극복하는 가장 좋은 방법이다.

양상국 씨도 고급 외제 자동차에 대한 콤플렉스를 지우고 싶다면, 혜민 스님의 조언처럼 외제 자동차를 타고 싶어 하는 자신의 마음을 관찰하고 그 마음의 원인을 제거하면 된다. 또 다른 방법은 일단 고급 외제 자동차를 사버리는 것이다. 고급 외제 자동차를 직접 사서 타고 다니면 외제 자동차에 대한 콤플렉스 따위는 다 사라져버린다. 그때부터는 다른 사람들이 벤츠를 타든 아우디를 타든 아무런 상관도 하지 않는다. 부러운 마음도 없고 콤플렉스도 없다. 고급 외제 자동차에 대한 욕망과 콤플렉스를 치유하는 가장 좋은 방법은 직접 사버리는 것이다.

욕망을 다스리는 2가지 방법

 앞서 벤츠를 타고 싶은 마음을 억누르고 지우려 하는 것보다, 노력해서 벤츠를 타는 게 더 좋다고 이야기했다. 그런데 벤츠를 타려는 건 욕심이고 욕망이다. 욕망을 지우고 다스리는 게 욕망을 달성하려고 노력하는 것보다 더 좋지 않을까? 욕망을 드러내는 사람보다 욕망을 다스리거나 지우는 사람이 더 성숙한 인간이 아닐까? 많은 사람이 그렇게 생각한다. 그래서 외제 자동차를 좋아하고 추구하는 사람들이 속물이라는 편견을 갖기도 한다.

 우리는 어려서부터 욕망을 겉으로 내보이지 않는 게 좋다고 교육받아 왔다. 욕망을 드러내는 사람, 그리고 욕망을 추구하는 사람은 정신적으로 미성숙하고 자기 욕심만 챙기는 사람이다. 이들보다는 자기 욕심을 추구하지 않는 사람이 더 훌륭한 사람이다. 자기 욕심을 줄이고 공공의 이익에 기여하는 사람이 더 고귀한 사람이다. 그러니 욕심을 부리지 않고, 자기 욕망을 대놓고 추구하지 않으며 참고 인내하는 삶이 더 고귀한 삶이라고 교육받아 왔다. 그래서 우리는 욕망을 추구하는 행위에 거부감을 가진다. 특히 세속적인 기준에서 가치 있고 좋다고 생각되는 것들에 대해서 숨김없이 욕망을 표현하면 곱지 않은 시선이 돌아온다. 그래서 우리는 그러한 것들을 추구할 때, 그것은 나만의 이익을 위해서가 아니라 공공의 이익을 위해서 추구한다는 식으로 합리화하려고 한다.

많은 학생이 의사가 되기를 원한다. 그런데 의사가 되려는 이유를 물어보면 '내가 의사가 되고 싶어서'가 아니라 '의사가 돼서 불쌍한 사람들을 돕기 위해서'다. 판사, 검사, 변호사가 되고 싶은 사람들도 많다. 그런데 마찬가지로 법조인이 되고 싶은 이유는 '내가 권력을 가지기 위해서', '돈을 많이 벌기 위해서'가 아니라 항상 '불쌍한 사람들, 억울한 사람들을 돕기 위해서'다. 나 자신의 이익, 나 자신의 욕망을 충족시키기 위해서 의사나 변호사가 되려는 게 아니다. 왜냐하면 자신만의 이익을 위해서 의사나 변호사가 되려는 것은 속물처럼 보이기 때문이다. 어디까지나 다른 사람들을 위해서, 사회 전체의 공익을 위해서 의사나 변호사가 되려고 한다. 자신이 자신만의 이익을 추구하는 사람이 아니라 공익을 추구하는 사람이라는 점을 강조하고 싶은 것이다.

사회적 성공이나 물질적 부를 위해서 변호사나 의사가 되고 싶은 사람은 다행히도 '불쌍한 사람들을 돕기 위해서'라는 변명을 댈 수 있다. 하지만 고급 외제 자동차를 사는 일에는 그런 변명이 불가능하다. 내가 외제 자동차를 타는 일은 불쌍한 다른 사람들을 돕는 것과 전혀 상관이 없다. 온전히 자기 이익을 추구하고 자기 욕망만 채우는 행위다. 그래서 더더욱 고급 외제 자동차를 타는 사람들에게 이러쿵저러쿵 말들이 많다.

그렇다면 자기 욕망을 겉으로 표현하고 또 그 욕망을 실현하고자 하는 일이 정말 나쁜 일일까? 그렇지 않다. 불교에서 욕망을 없애는 방법에는 2가지가 있다고 했다. 하나는 자신의 욕망을 억제하고 욕망이 생기지 않도록 자기 자신을 다스리는 선의 방법이다. 그리고 다른 하나는 자신의 욕망을 달성하는 것이다. 욕망을 달성하면 그 욕망이 사라진다. 이렇게 욕망을 달성해 욕망을 없애는 것이 탄트라다. 그런데 욕망이 생기지 않도록 자신을 다스리는 방법과 욕망을 달성해서 욕망을 지우는 방법 중에서 어떤 것이 더 고단수일까? 어떤 사람들이 더 고수이고 정신적으로 성숙한 사람일까?

한국 현대 불교에서 가장 유명한 선사는 경허 선사다. 그는 한국 근대화 시기에 거의 맥이 끊어지다시피 한 한국 선불교에서 큰 깨달음을 얻고 한국 근현대 불교를 개창한 대선사다. 그리고 경허 선사의 수제자로 혜월, 수월, 만공 선사가 있다. 이 3명은 근현대 한국 불교계를 대표하는 선승들이다.

최인호가 쓴 경허 선사의 전기 《길 없는 길》에는 경허 선사와 만공 선사 사이에 있었던 다음과 같은 에피소드가 나온다.

만공 선사 스님(경허 선사). 스님께오서는 곡차를 마시지만 저는 술이 있으면 마시고 없으면 안 마십니다. 굳이 있고 없음을 따지지 않습니다.

(상 위에 있는 파전을 가리키면서) 이 파전도 마찬가지입니다. 스님, 저는 굳이 파전을 먹으려 하지도 않고, 또 생기면 굳이 안 먹으려 하지도 않습니다. 스님께오서는 어떻습니까.

경허 선사 위대한 대사님, 곡차 한잔 받으십시오. 나는 그대가 그동안 그처럼 위대한 도인이 되었는지는 전혀 몰랐네, 그려.

자네가 벌써 그런 무애(無㝵) 경지에 이르렀는지 내가 전혀 몰랐었네 그려. 나는 자네와는 다르네. 자네는 술이 있으면 마시고 없으면 안 마시고, 이 파전이 생기면 굳이 안 먹으려 하지 않고 없으면 굳이 먹으려고도 하지 않지만 나는 자네와는 다르네. 나는 술이 먹고 싶으면 제일 좋은 밀 씨를 구해 밭을 갈아 씨 뿌려 김매고 추수하고, 밀을 베어 떨어 누룩을 만들어 술을 빚고 걸러 이와 같은 술을 만들어 이렇게 마실 것이네.

난 또 파전이 먹고 싶으면 파 씨를 구해 밭을 일구어 파를 심고 거름을 주어 알뜰히 가꾸어서 이처럼 파를 밀가루와 버무려 기름에 부쳐가지고 꼭 먹어야만 하겠네.

만공 선사는 욕망을 겉으로 보이지 않는 선사다. 욕심을 내지 않고, 욕심이 없으니 욕심에 휘둘리지 않는 삶을 살고 있다. 있어도 되고 없어도 된다. 있다고 해서 자랑스러워하지도 않고 없다고 해서 부족함을 느끼지도 않는다. 욕심을 내지 않고 욕망에 휘둘리지 않는 훌륭한 삶이다. 이것이 선에서 중요하게 생각하는 정신적 경지다. 그리고 우리 같은 보통 사람들이 훌륭하게 생각하고 이상적으로 보는 삶이다.

경허 선사는 욕망에 충실한 선사다. 술이 먹고 싶으면 몇 달이 걸려서라도 직접 술을 만들어 먹는다. 파전이 먹고 싶으면 밭에 파를 길러서라도 먹고야 만다. 경허 선사는 욕망에 충실하다. 하나의 욕망이 생기면 노력해서 그 욕망을 달성한다. 그리고 그 욕망에서 벗어난다. 이런 식으로 욕망을 해소하는 것이 탄트라다.

그러면 욕망을 가지지 않고 제어하여 욕망에서 벗어나는 만공 선사와 욕망을 직접 달성함으로써 욕망에서 벗어나는 경허 선사 중에서 어느 사람이 더 훌륭할까? 불교에서는 선과 탄트라 중에서 어떤 것을 더 고단수로 생각하고 있을까?

그 대답은 만공 선사의 후일담에서 발견할 수 있다.

"나는 그때 스승 경허의 말을 듣는 순간 등에서 땀이 흐르는 것 같은 충격을 느꼈다. 내 견해가 너무 얕고 스승의 경지는 하늘과 같아서 도저히 상대가 되지 않음을 알았다."

욕망을 제어해서 욕망을 없애는 것보다 욕망을 달성해서 욕망을 없애는 것이 훨씬 더 정신적으로 뛰어나다. 선보다는 탄트라가 욕망에서 벗어나기 위한 더 좋은 방법이다. 마찬가지로 벤츠를 타고 싶다는 마음이 있으면서 그 마음을 숨기고 다른 이유를 대면서 벤츠를 타지 않겠다고 주장하는 것보다는, 노력해서 직접 벤츠를 타는 것이 벤츠를 타고 싶은 마음을 극복하고 정신적 평안을 얻는 가장 좋은 방법이다.

벤츠가 타고 싶다면, 고급 외제 자동차를 가지고 싶다면 노력해서 직접 사자. 자신도 알고 있지 않은가? 다른 어떤 변명을 내세우는 것보다 자신이 직접 벤츠를 타는 게 가장 좋은 방안이라는 것을.

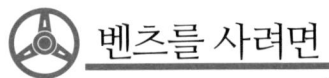
벤츠를 사려면 연 수입이 얼마나 되어야 할까?

　벤츠를 타고 싶다고 하자. 그럼 어느 정도 경제적 수준이 되어야 벤츠를 탈 수 있을까? 많은 사람이 벤츠는 돈이 아주 많은 부자나 탈 수 있다고 생각한다. 정말 그럴까? 벤츠의 가격은 어느 정도 할까? 그리고 그런 벤츠를 탈 수 있으려면 어느 정도의 수입이 있어야 할까?
　벤츠가 비싸고 좋은 차라는 것은 모두 다 알고 있다. 그러나 뜻밖에도 벤츠가 얼마인지는 잘 모른다. 내가 주위 사람들과 나눈 대화에 의하면, 벤츠 값을 실제보다 더 비싸게 알고 있는 사람들이 대부분이다. 실제 벤츠 가격이 얼마인 줄은 모르고 단지 비싸다고만 알고 있다. 그렇게 정확한 가격을 모르고 추상적으로 비싸다고만 알고 있으면 벤츠를 목표로 삼기가 어렵다. 벤츠를 사고 싶다면, 일단 어느 수준이 되어야 벤츠를 살 수 있는지부터 파악할 필요가 있다.

차는 보통 소형, 중형, 대형으로 구분된다. 준중형급이라며 일반 소형보다 크다고 강조하는 차들도 있기는 하지만 일단 소형, 중형, 대형이 가장 일반적인 차의 등급 구분 체계다. 현대자동차는 이 등급 구분에 따라 아반테, 소나타, 그랜저를 출시한다. 르노삼성자동차는 SM3, SM5, SM7이다. 기아자동차는 K3, K5, K7이 있다.

벤츠는 C클래스, E클래스, S클래스가 소형, 중형, 대형의 구분이다. BMW는 3시리즈, 5시리즈, 7시리즈로 나뉘고, 아우디는 A4, A6, A8이 기본적인 구분 체계다. 프리미엄 외제 자동차 브랜드로 인정받는 벤츠, BMW, 아우디의 가격은 차 등급별로 비슷하다. 소형차인 벤츠 C클래스, BMW 3시리즈, 아우디 A4의 가격은 4000만 원에서 6000만 원 사이의 수준이다. 연료가 디젤인가 휘발유인가에 따라, 그리고 옵션 수준에 따라 가격 차이가 있다. 중형차인 벤츠 E클래스, BMW 5시리즈, 아우디 A6는 6000만 원에서 8000만 원대까지 있다. 그리고 대형차인 벤츠 S클래스, BMW 7시리즈, 아우디 A8은 1억 2000만 원부터 시작한다.

이 중에서 가장 많이 팔리는 차는 중형급이다. 벤츠는 E시리즈가 가장 많이 팔리고, BMW도 5시리즈가 많이 나간다. 아우디도 A6가 주력 상품이다. 외제 자동차라서 중형차가 많이 판매되는 것은 아니다. 한국 자동차도 중형차가 가장 잘 팔린다. 현대자동차 중에서는 소나타가 가장 인기상품이고, 르노삼성자동차도 SM5를 주력 차종으로 밀고 있다. 일본 등에서는 소형차가 많이 팔린다고 하지만, 한국에서는 중형차가 사람들이 가장 선호하는 차종이다.

  벤츠를 타겠다는 목적을 세웠다면 어느 등급의 차를 사야 할까? 물론 다른 요소는 아무것도 생각하지 않고 무조건 벤츠 타는 것 자체를 목표로 세운 사람도 있다. 이 경우에는 목표를 이루기가 그렇게 어려운 일은 아니다. 아주 오래된 중고차를 사면 된다. 아무리 벤츠가 비싸다고 하더라도 출고된 지 10년, 20년 이상 된 차까지 비싼 건 아니다. 비록 벤츠 S클래스라고 하더라도 아주 오래된 중고차는 우리나라 보통 자동차 가격보다 더 싼 가격으로 구매할 수 있다. 단순히 벤츠만을 원한다면 이러한 중고차를 사면 된다. 그러나 벤츠를 원하는 많은 사람은 단순히 벤츠이기만을 바라지는 않는다. 차는 운송 수단이라는 단순한 용도 외에 다른 의미가 존재한다. 차에서 얻을 수 있는 만족감, 자부심, 자신의 정체성을 나타내는 수단 등 부대 가치가 있다. 아주 오래된 중고 벤츠를 사서 몰고 다닐 수는 있다. 그러나 이 경우 벤츠를 타기는 하지만, 보통 벤츠를 몰고 다님으로써 얻을 수 있는 심리적인 만족감은 거의 없다. 이건 벤츠뿐만이 아니다. 모든 차들이 마찬가지다. 중고차 시장을 보면 더 싸고 괜찮은 차가 많이 있음에도 사람들이 새 차를 사는 이유는 이러한 부수적인 만족감 때문이다. 벤츠를 오래된 중고차로 사면 벤츠를 타고 다닐 수야 있겠지만, 이러한 만족감은 떨어진다. 본인이 괜찮다고 판단해 중고차를 사는 것은 상관없다. 그러나 벤츠를 탈 방법을 제안하고자 하는 이 책에서 중고차를 사라고 말할 수는 없다.

그렇다면 벤츠 C클래스는 어떨까? 4000만 원이 넘는 차 가격이 싼 건 아니지만, 그래도 우리나라 중대형 차 가격에 조금만 더 보태면 가능하다. 소형차이기는 하지만 그래도 4000만 원대에 벤츠를 탈 수 있다. C클래스보다 더 작은 벤츠 A클래스도 한국에서 출시된다고 한다. 국산 자동차 가격으로 벤츠를 탈 수 있는 것이다.

물론 소형차를 산다면 상대적으로 쉽게 벤츠를 탈 수 있다. 그러나 한국에서 소형차를 사서 10년 이상 오래 타는 것은 한계가 있다. 한국에서 중형차가 가장 많이 팔리는 이유는 중형차를 원하는 한국 특유의 정서가 크기 때문이다. 혼자 탈 때는 소형차도 괜찮지만, 결혼하고 자녀가 생기면 소형차로는 좁다. 그리고 단순히 좁고 넓은 이유를 떠나, 앞서 말한 특유의 한국 정서 탓에 처음에는 만족해하며 소형차를 몰더라도 조금 지나면 대부분 사람이 중형차를 원한다.

중형차를 타던 사람 중에 대형차를 사겠다고 생각하는 사람은 그렇게 많지 않은 것 같다. 더 큰 차를 타면 좋지만, 현재의 중형차에 큰 불만을 느끼지 않는다. 여유가 있으면 대형차를 사겠지만, 중형차를 타는 게 그리 큰 문제는 아니다. 그러나 소형차는 그렇지 않다. 소형차를 오래 타다 보면 중형차를 타고자 하는 욕망이 생긴다. 한국에서는 소형차로도 충분하고, 중형차를 타야 할 이유는 없다는 비판도 많다. 그러나 어쨌든 소형차를 타다 보면 중형차를 타고 싶은 생각이 든다. 이건 현실이다.

결국 다른 불만 없이 기뻐할 수 있고, 그 만족감이 끝까지 지속될 수 있는 것은 중형인 E클래스 이상급을 샀을 때다. 중고차를 사면 아무 생각 없이 기뻐할 수만은 없고, C클래스를 사면 나중에 E클래스를 사고 싶다는 생각이 든다. E클래스 이상을 샀을 때 더는 고급 차에 욕망을 느끼지 않고 만족할 수 있다. 즉 외제 자동차에 대한 콤플렉스를 지울 수 있다. 그래서 이 책에서 제시하는 벤츠 타기의 목표는 벤츠 E클래스다. BMW로는 5시리즈, 아우디로는 A6이다.

벤츠 E클래스, BMW 5시리즈, 아우디 A6의 가격은 최하 6000만 원에서 8000만 원대까지 있다. 그러면 어느 정도의 경제적 수준이 되었을 때 이 차들을 살 수 있을까?

다른 모든 것을 희생하고 무조건 벤츠를 사겠다고 하면 사실 불가능한 일은 아니다. 한국에서 전세금, 아파트값은 벤츠 가격보다 훨씬 더 비싸다. 전세금을 빼서 월세를 살기로 결정하면 벤츠를 탈 수 있다. 집을 팔고 전세로 가도 벤츠를 살 수 있다. 일본에는 그런 사람들이 적지 않다고 한다. 포르셰 같은 스포츠카를 워낙 좋아해서, 자기 월급을 모두 포르셰 할부금으로 낸단다. 월급이 200만 원이면 150만 원을 할부금으로 내고, 50만 원으로 최저 생활을 한다는 것이다. 그런 식으로 살겠다고 결정하면 아마 벤츠도 쉽게 살 수 있다. 그러나 그렇게까지 무리해서 벤츠를 사라고 추천할 수는 없다. 벤츠를 사고자 하는 이유는 보다 행복해지기 위해서다. 주거를 포기하고 먹는 것을 포기하고 무조건 벤츠를 사라고 할 수는 없다.

일반적으로 자기 소득과 비교해서 적정한 차 가격은 자기 연봉의

2분의 1에서 3분의 2까지다. 그 정도면 그렇게 큰 무리 없이 차를 살 수 있다. 몇 년간 저축해서 마련할 수도 있고, 아니면 할부로 살 수도 있다. 어쨌든 자기 연봉의 2분의 1에서 3분의 2까지라면 할부금을 내더라도 가계에 크게 부담을 주지 않고 유지해나갈 수 있다.

알다시피 차는 단지 사는 것으로만 끝나는 게 아니다. 그 후에 유지 관리비가 들어간다. 차가 고장 났을 때의 수리비도 고려해야 한다. 벤츠급의 차가 고장 나거나 차체가 긁히면 정말 몇백만 원대의 수리비가 발생할 수 있다. 이때 월수입이 200만 원이라면, 몇백만 원대의 지출은 엄청난 타격이다. 월수입이 200만 원일 때 지금껏 저축해서 모은 현금 7000만 원이 있다고 해서 당장 7000만 원짜리 벤츠를 사라고 추천할 수 없는 이유다.

결론적으로 6000만 원에서 8000만 원대의 벤츠 E클래스, BMW 5시리즈, 아우디 A6를 가계에 큰 부담 없이 살 수 있으려면 연 수입이 1억은 되어야 한다. 연 수입 1억이 되었을 때 벤츠를 무리 없이 살 수 있다. 결국 벤츠를 타는 방법은 연 수입 1억 원을 만드는 방법과 같은 셈이다. 어떻게 하면 연 수입 1억을 만들 수 있을까? 그 방법을 찾으면 벤츠를 탈 수 있다.

잘못 알고 있는 벤츠 구입 조건 1
공부를 잘하면 된다?

오늘날 한국의 중학생, 고등학생, 그리고 대학생들은 학벌을 중요하게 생각한다. 어느 대학교에 들어가느냐를 중요하게 생각하고, 어느 대학에 들어가느냐가 평생을 결정짓는다고 생각한다. 그래서 좋은 대학을 가기 위해서 열심히 공부하고 노력한다.

대학을 졸업하고 나서도 학벌에 대한 생각은 그리 변하지 않는다.

'내가 좋은 데 취직하지 못하는 이유는 학벌이 낮기 때문이야. 학벌이 좋았다면 좋은 직장에 취직할 수 있었을 텐데.'

'내가 좋은 학교를 졸업했다면 더 잘살 수 있었을 텐데.'

'좋은 대학 나온 사람들은 끼리끼리 서로 봐주면서 자기들끼리 출세하겠지.'

그렇게 공부를 더 잘하면 이 사회에서 잘살 수 있으리라고 생각한다. 공부를 잘하는 것, 그리고 그에 따라 좋은 대학을 가고 좋은 대학을 졸업하는 것이 이 사회에서 좀 더 잘살 수 있는 유일한 길인 것처럼 생각한다. 그렇다면 공부를 잘하면, 그래서 좋은 대학을 나오면 벤츠를 탈 수 있을까? 소위 명문대를 나오면 벤츠를 탈 수 있을까?

이 점에 대해서는 분명히 말할 수 있다. 공부를 잘하는 것과 벤츠를 타는 것은 아무 상관없는 이야기다. 좋은 학벌을 가지는 것과 벤츠를 타는 것은 아무 상관이 없다. 좋은 대학을 졸업하는 것과 벤츠를 타는 것도 아무 상관이 없다.

벤츠를 탈 만큼 사회에서 잘사는 것과 학벌이 좋은 것 사이에 상관관계가 없다는 말에 의아해할 수 있다. 많은 사람이 학벌이 좋으면 사회에서 출세하고, 돈도 많이 벌고, 그러면 벤츠 같은 고급 외제 자동차를 탈 수 있는 게 아니냐고 생각한다. 그러면 하나만 묻겠다. 한국에서 제일 공부 잘하는 사람이 들어간다는 서울대, 한국에서 제일 좋은 학벌로 인정받는 서울대 출신들을 여러분은 주위에서 얼마나 알고 있는가? 그리고 그 서울대를 나온 사람들이 지금 어떻게 살고 있는가? 정말 서울대 나온 사람들이 벤츠를 타고 다닐 만큼 잘살고 있는가?

나는 서울대를 졸업했다. 학사, 석사, 박사 모두 서울대에서 취득했다. 그래서 서울대를 나온 사람들을 굉장히 많이 알고 있다. 대학 동기, 대학원 동기, 박사 동기가 모두 서울대 출신이다. 그리고 대학에 들어간 다음에 알게 된 친구, 선배, 후배들도 거의 다 서울대 출신이다. 그러면 대학을 졸업한 지 20년 가까이 지나고, 나이가 40대에 들어선 이 동기와 친구 중에서 지금 벤츠를 타는 사람은 얼마나 될까? 벤츠, 아우디, BMW와 같은 고급 외제 자동차를 타고 다니는 사람은 얼마나 될까? 분명히 말하자면 거의 없다. 서울대를 졸업한 사람들만 몇백 명을 알고 있지만 그중에서 고급 외제 자동차를 타고 다니는 사람은 손으로 꼽힌다. 우리나라 전체 자동차 판매량 중에서 벤츠급의 판매량은 3퍼센트 정도다. 몇백 명 중에서 손가락으로 꼽을 정도의 수는 전체 자동차 판매량 중에서 벤츠급 판매량 비중과 동일하다. 그러니까 서울대 나왔다고 벤츠를 더 많이 타는 건 아니라는 거다. 일반인 중에서 벤츠를 타는 비율과 서울대 나와서 벤츠를 타는 비율은 같다. 서울대 나온 것과 벤츠를 타는 것과는 아무 상관이 없다는 뜻이다. 서울대 나왔다고 벤츠를 탈 가능성이 더 높아지는 게 아니다.

아직은 40대 정도라서 벤츠를 타는 사람이 적은 것이고 나이가 더 들면 서울대 출신 중에 벤츠 타는 사람이 급격히 늘어나는 게 아니냐고 반론을 제기할 수도 있다. 하지만 내가 아는 서울대 출신들은 동기, 후배만이 아니라 선배들도 있다. 선배들로 올라가면 벤츠 같은 고급 차를 타는 비중은 더 줄어든다. 동기와 선배들이 받는 연봉을 정확히는 알지 못하지만 대강은 안다. 당분간 쉽게 벤츠를 살 수 있는 수준이 아니다. 분명히 말하는데, 서울대를 나왔다고 해서 벤츠를 탈 수 있는 게 아니다. 서울대 나온 것과 잘사는 것은 큰 상관이 없다.

서울대를 나왔지만 전공이 돈과 거리가 먼 과목이라 그런 게 아니냐고 생각할 수도 있다. 그러나 그렇지 않다. 앞서 밝혔듯 나의 대학 전공은 경제학이다. 내가 아는 서울대 출신 동기, 선배, 후배의 반은 경제학부 출신이다. 현재 경제학부 동기들은 대부분 경제계에서 활동하고 있다. 돈과 거리가 먼 문학이나 예술을 하는 사람은 없다. 경제학 전공이다 보니 순수 학문을 하는 사람들도 별로 없다. 경제학은 경영학과 더불어 가장 돈을 중시하는 전공이다.

그렇게 경제학을 전공한 후 현재 경제계에서 활동하고 있음에도 벤츠를 타고 다니는 사람은 거의 없다. 서울대 나온 사람으로서 분명히 말할 수 있다. 서울대 나온다고 잘사는 것은 아니다. 서울대 나오는 것과 벤츠를 탈 정도로 잘사는 것은 아무 관계가 없다. 공부를 잘하는 것은 벤츠를 타는 것과 아무 상관이 없다.

그러면 왜 사람들은 서울대를 졸업하면 잘살 수 있고 출세할 수 있고 돈을 많이 벌 수 있다고 생각하는 걸까? 아마도 옛날에는 공부를 잘하면 실제로 잘살 수 있었기 때문일 거다. 조선 시대에는 공부를 잘해서 과거(科擧)에 붙으면 잘살 수 있었다. 공부를 잘하는 사람들은 다 과거를 보았다. 과거에 붙으면 권력이 생겼다. 그리고 권력이 생기면 돈도 생겼다. 공부를 잘해서 과거에 붙었다는 명예, 정부 관료로서의 권력, 그리고 권력자에게 갖다 바치는 눈먼 돈으로 부귀도 얻었다. 공부를 잘하면 중요한 사회적 가치로 일컬어지는 명예, 권력, 부를 동시에 얻었다.

현재 나이 60대 이상의 세대에서도 이렇게 명예, 권력, 부가 3종 세트로 이루어졌던 것 같다. 공부를 잘해서 고시에 합격해 공무원이 되면 명예와 권력을 얻었다. 그리고 1970년대나 1980년대까지만 해도 우리나라는 부정부패가 많은 사회였기에 공무원들은 돈도 많이 벌었다. 당시에는 공무원이 돈을 받는 게 죄로 생각되지도 않았다. 꼭 고위직 공무원만 돈을 벌었던 게 아니었다. 1990년대 초까지만 해도 운전하다 신호 위반으로 경찰에게 걸리면 돈 몇만 원을 주고 해결하는 것이 일반적이었다. 이렇듯 권력을 가지면 돈도 벌 수 있었다. 그리고 당시 권력을 얻기 가장 좋은 방법은 공부를 잘해서 판사, 검사가 되거나 고위 공무원이 되는 것이었다. 즉 공부를 잘하면 사회에서 출세할 수 있고, 부자가 될 수 있었다.

당시 어떤 일본인 학자는 한국 사회를 이렇게 비판했다.

"권력, 명예, 부 이 3가지는 사회에서 사람들이 추구하는 주요 가치다. 이 가치들은 서로 분리되는 것이 원칙이다. 권력을 가진 사람은 권력만 가지는 것이 원칙이고 명예와 부는 적다. 부를 가진 사람은 권력을 가지지 않는다. 그리고 명예를 가진 사람은 권력과 부도 없다. 이렇게 권력, 명예, 부가 나뉘는 것이 건전한 사회다.

그런데 한국은 권력, 명예, 부가 동시에 따라온다. 이것은 사회가 굉장히 왜곡되어 있다는 것을 의미한다. 한국은 아직 근대화된 국가로 보기 어렵다."

그런데 1990년대 이후로 시대가 바뀌고 있다. 이제는 권력, 명예, 부가 모두 한꺼번에 따라오지 않는다. 공부를 잘한다고 해서 권력과 부가 부수적으로 따라오지 않는다. 위의 일본인이 비판했던 왜곡된 사회에서 어느 정도는 건전한 사회로 진전한 것이다.

공부를 잘하면 명예는 얻을 수 있다. 공부를 잘하면 공부를 잘했던 학생으로서 자긍심을 가질 수 있다. 그리고 대학 학벌이 좋으면 그 이후에도 사회에서 통하는 명예를 가질 수 있다. 사회에서 소위 말하는 '스카이(SKY) 대학' 출신이라는 것, 그리고 특히 서울대 출신이라는 것은 한국 사회에서 분명히 어느 정도 명예를 얻는 일이다. 거기까지는 나도 인정한다.

그러나 공부를 잘하면 사회에서 권력을 얻거나 부를 얻을 수 있느냐고 묻는다면, 그렇지 않다고 대답하겠다. 지금은 공부를 잘한다고 해서 잘살 수 있는 세상이 아니다. 특히 벤츠를 타는 것은 공부를 잘하는 것과 아무 상관이 없다. 학벌이 좋은 것과도 아무 상관이 없다. '나는 나중에 벤츠를 타야지'라면서 열심히 공부하는 것은 아무 소용없는 짓이다. 공부를 잘한다고, 학벌이 좋다고 벤츠를 살 수 있는 건 아니다.

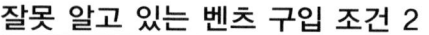 잘못 알고 있는 벤츠 구입 조건 2

좋은 직장을 다니면 된다?

　공부를 잘한다고, 좋은 대학을 나와서 학벌이 좋다고 해서 벤츠를 타는 건 아니다. 공부를 잘하는 것, 좋은 대학을 나오는 것은 돈을 잘 버는 것과는 상관이 없다. 그렇다면 좋은 직장을 다니면 벤츠를 탈 수 있을까? 사람들이 원하고 부러워하는 직장을 다니면 벤츠를 탈 수 있는 걸까?

　최근 들어서 가장 인기 좋은 직업은 공무원이다. 9급 공무원 시험의 경쟁률이 100대 1이 넘어서고 있다. 국가공무원 시험, 지자체 공무원 시험, 경찰 공무원 시험 등 어떤 종류든 공무원이 되는 시험은 엄청난 경쟁률을 자랑하고 있다. 아무리 경쟁률이 낮은 분야라고 하더라도 몇십 대 일의 경쟁률, 일반 행정 부문은 100대 1이 넘는 경쟁률을 보인다. 이렇듯 수많은 사람이 공무원이 되기 위해서 시험공부에 매달리고 있다. 왜일까? 공무원은 다른 직장보다 안정적이다. 일반 회사는 나이가 들면 다니기 어렵고 중간에 구조조정을 당할지도 모른다는 불안감이 있다. 그런데 공무원은 안정적이면서 정년이 보장된다. 그리고 공무원 시험에서는 학벌도 나이도 보지 않는다. 순수하게 시험 성적, 면접 성적만 가지고 채용이 이루어진다. 그래서 지금도 많은 사람이 공무원을 준비하고 있다. 공무원 시험에 합격한 사람들은 주위 사람들로부터 감탄과 부러움을 받는다.

이렇게 인기 좋은 공무원이 된다면 나중에 벤츠를 탈 수 있는 걸까? 공무원이 되어 초반에 받는 보수가 그렇게 많지는 않겠지만, 공무원을 10년, 20년 오랫동안 하면 나중에 벤츠를 탈 수 있을까?

확실하게 말할 수 있다. 공무원이 되면 평생 벤츠 탈 일은 없다. 부모님께서 재산을 물려준다면 가능하다. 혹시나 복권 1등에 당첨된다면 벤츠를 탈 수 있다. 그러나 월급만으로는 벤츠를 탈 수 없다. 공무원은 사회에서 좋은 직장으로 인정받고 있지만, 아무리 공무원 생활을 오래 해도 벤츠를 타는 건 불가능하다.

공무원 월급이 얼마나 되는지 아는가? 인터넷에서 공무원 보수표를 검색해보면 해당 연도의 공무원 보수를 확인할 수 있다. 2013년 기준 공무원 중에서 가장 높은 1급 공무원, 그리고 1급 공무원 중에서 가장 호봉이 높은 23호봉 월급이 566만 3500원이다. 연봉 8000만 원이 안 된다. 공무원은 본봉 외에 수당이 따로 많이 책정되기는 한다. 그러나 1급까지 가는 공무원은 전국에서 몇십 명 안 된다. 9급 공무원, 7급 공무원으로 들어간 사람들이 1급까지 올라가는 일은 거의 불가능하다. 행정고시에 합격해서 들어간 사람들을 제외하고는 대부분 승진한다 해도 4급이나 5급 정도까지다. 3급까지 간다고 해도 최고 호봉 월급이 500만 원이 되지 않는다. 수당을 합해도 8000만 원 수준이므로 벤츠를 사기는 어렵다.

공무원의 장점 중 하나는 연금이다. 국민연금은 받는 액수가 적은데 공무원을 퇴직했을 때 받는 공무원 연금은 액수가 많다. 그러면 공무원을 퇴직해서 연금을 받으면 잘살 수 있지 않을까? 아니다. 공무원 연금은 아무리 많이 준다고 해도 퇴직 전까지의 생활을 그대로 유지할 수 있게 해줄 뿐이다. 공무원 연금은 현상 유지가 목적이지 부자로 만들어주는 게 아니다. 공무원 생활을 하면서 벤츠를 타는 것은 거의 불가능하다고 봐야 한다. 사회적으로 좋은 직장이라는 것은 분명하지만, 벤츠를 탈 수 있는 직업은 아니다.

그러면 대기업에 들어가면 어떨까? 대기업은 현재 한국에서 보수도 좋고 자아실현의 기회도 많은 직장에 속한다. 하지만 최근에 경기가 나빠지면서 대기업에서 뽑는 신입사원 수는 상당히 감소했다. 그래서 대기업에 들어가기가 더욱더 어려워졌다. 지금 대기업에 신입사원으로 들어가면 누구나 다 성공했다는 평가를 받는다. 그러면 대기업에 들어가면 벤츠를 탈 수 있을까?

대기업은 중소기업들보다 보수가 많은 편이다. 부장급이 되었을 때 연봉은 8000만 원 수준이다. 20대 후반에 회사에 들어가면 40대가 넘어 부장이 될 수 있다. 최소 15년 넘게 회사에 다녀야 부장이 된다. 이때 좋은 대기업이라고 해도 연봉은 8000만 원 수준이다. 벤츠를 사기에는 좀 부족하다.

대기업에서 벤츠를 탈 정도로 수입을 얻으려면 임원까지는 되어야 한다. 그런데 대기업에서 임원까지 가는 비율은 신입사원 100명 중에서 5명도 안 된다. 5퍼센트의 확률이다. 대기업 임원이 되어 수입이 많아졌다 하더라도 그대로 다 지출할 수는 없다. 대기업 임원은 보통 1~2년 계약직이다. 어렵게 임원이 되었다고 하더라도 고작 1~2년 만에 임원 자리에서 내려올 수 있다. 그래서 처음에는 임원이 되었다고 하더라도 저축을 해야 한다. 임원을 해서 정말로 높은 임금을 받으며 누리기 위해서는 3년 이상 임원 자리를 지켜야 한다. 임원을 3년 이상 하는 사람의 비율은 얼마일까? 신입사원 100명 중에서 3명, 즉 3퍼센트 이내다. 다시 말해 대기업에 들어가서 벤츠를 탈 수 있는 사람의 비율은 3퍼센트 내외라는 뜻이다.

대기업에 들어가는 것 자체가 엄청나게 힘들다. 그런데 그렇게 어렵게 대기업에 들어갔는데도 벤츠를 탈 수 있는 사람의 비율이 3퍼센트밖에 되지 않는다. 대기업에 들어가는 목적이 대기업에서 성공적인 직장생활을 하는 것, 대기업 임원이 되어 명예와 부를 누리는 것이 될 수는 있다. 그것만으로도 충분히 가치 있는 목표다. 그러나 대기업에 다니면 무조건 벤츠를 탈 수 있다는 말은 틀린 말이다. 설사 대기업을 다녀 벤츠를 탈 수 있다고 하더라도 3퍼센트 이내의 확률이다. 이 정도의 확률을 기대하면서 '벤츠를 타려면 대기업에 취직해라'라고 말할 수는 없다. 현재 한국에서 대기업은 좋은 직장이다. 하지만 대기업에 다닌다고 해서 벤츠를 탈 수 있는 것은 아니다. 확률은 3퍼센트 정도이다. 이 정도 확률이라면 어렵다고 봐야 한다.

그렇다면 전문직은 어떨까? 한국에서 인정받고 있는 전문직인 변호사, 의사, 교수 등이라면 벤츠를 탈 수 있지 않을까? 우선 교수부터 보자. 나 자신이 교수이기 때문에 확답할 수 있다. 교수 수입으로는 벤츠를 타기 어렵다. 사람들은 교수의 월급이 많으리라고 생각한다. 사회적으로 평판은 높지만 실제 수입은 평판만큼 높지 않은 대표적인 직업이 교수다. 교수는 돈이 없다. 물론 예외는 있다. 프로젝트를 많이 하는 교수는 돈을 벌 수 있다. 하지만 프로젝트가 있는 분야는 따로 있다. 인문계에서는 경영학이 프로젝트가 많다. 그러나 경영학과 교수라고 하여 모든 교수가 프로젝트를 진행하고 돈을 버는 것은 아니다. 프로젝트를 수주하는 것은 교수의 연구 능력과 또 다르다. 프로젝트를 진행하는 교수보다 그렇지 않은 교수가 훨씬 더 많다. 즉 경영학과 교수라고 하더라도 프로젝트로 돈을 버는 교수보다 학교에서 받는 월급만으로 살아가는 교수가 더 많다는 뜻이다.

경영학 이외에 다른 분야는 프로젝트가 거의 없다. 행정학 부문은 그래도 좀 있는 편이다. 하지만 인문학, 기타 사회과학 부문으로 가면 국가에서 주는 프로젝트 외에는 없다. 교수는 월급만 가지고 살아간다. 평균적으로 한국에서 교수가 되어 처음으로 받는 연봉은 4000~

5000만 원 수준이다. 대학을 졸업하고, 석사, 박사, 포닥 연구원 생활까지 하고 전임강사가 되었을 때의 연봉이다. 정년이 가까워질 만큼 교수 생활을 계속했더라도, 교수 중에서 고급 외제 자동차를 몰고 다니는 사람은 거의 없다.

변호사는 어떨까? 10여 년 전에 변호사 자격증을 가지고 변호사 생활을 했다면 벤츠를 탈 만큼 많은 돈을 벌었을 것이다. 그러나 오늘날 새로 변호사가 된 사람들은 사정이 다르다. 로스쿨 출신까지 합쳐 1년에 2000명이 넘는 변호사가 배출되는데, 이 중에서 어느 정도 수입이 보장되는 변호사는 대형 로펌에 들어간 경우밖에 없다. 대형 로펌에 들어가는 변호사는 1년에 100여 명 정도다. 5퍼센트의 확률이다. 나머지 변호사들은 사정이 점점 어려워지고 있다.

의사도 비슷하다. 이전에는 의사이기만 하면 많은 돈을 벌었다. 하지만 지금은 사정이 다르다. 전국에서 해마다 10퍼센트에 해당하는 병·의원이 문을 닫고 있다. 전체 10퍼센트의 의사들이 파산하고 있다는 뜻이다. 10퍼센트가 파산한다면, 20퍼센트 정도는 수입과 지출이 엇비슷한 한계 상태란 뜻이다. 즉 전체 의사 중에서 30퍼센트 정도는 수입을 거의 얻지 못한다고 봐야 한다.

물론 변호사나 의사라는 직업을 가진 사람들은 노력하면 벤츠를 사기에 충분한 수입을 올릴 가능성이 많다. 하지만 변호사나 의사가 되는 것 자체가 굉장히 어렵다. 정말로 마음에서 우러나 변호사나 의사가 되고 싶어 하는 것은 괜찮다. 그러나 벤츠를 타기 위해서 변호사나 의사가 되려고 하는 건 바보 같은 짓이다.

    결론을 말하자면, 이 사회에서 평판 좋은 직업이나 직장을 가졌다고 해서 벤츠를 탈 수 있는 것은 아니다. 공무원, 대기업 사원, 교수가 사회적으로 좋은 직업이라고 하지만, 이러한 직업으로 벤츠를 타는 건 거의 불가능하다. 변호사나 의사 같은 직업은 상대적으로 벤츠를 탈 확률이 높다. 그러나 그중에서도 벤츠를 탈 수 있는 사람의 비율은 그리 높지 않다. 다시 말해 좋은 직업과 직장이 벤츠를 보장해주지는 않는다.

잘못 알고 있는 벤츠 구입 조건 3

꿈을 달성하면 된다?

많은 사람이 꿈을 달성하면 부자로 살 수 있을 거로 생각한다. 그러나 꿈을 달성하는 것과 벤츠를 타는 것은 별 상관이 없다. 벤츠를 타기 위해서는 1년에 1억 정도 벌어야 한다. 그런데 대부분 사람의 꿈은 연봉 1억 이상의 수입을 보장해주지 않는다. 자신의 꿈을 이루는 것과 부자가 되는 것은 별로 상관이 없다.

몇 년 전 TV 아침 프로에서 그해에 행정고시에 합격한 사람들을 모아서 방송을 한 적이 있다. 행정고시 합격자로 50명이 출연했고, 이들에게 다음과 같은 질문을 했다.

"나는 꿈을 이루었다고 생각한다. 맞으면 O, 틀리면 X를 눌러주세요."

결과는 어땠을까? 50명 전원이 O를 눌렀다. 행정고시에 합격하여

TV에 출연한 50명 모두가 자신의 꿈을 이루었다고 생각했다. 그러면 몇 년이 지난 지금 이들을 다시 찾아가서 "당신이 꿈을 이루었다고 생각합니까?"라고 물어보면 어떤 대답이 나올까? 혹은 "꿈을 이루어서 부자가 되었습니까?"라고 물어보면 어떤 대답이 나올까?

대학 및 대학원 동기 중에는 행정고시에 붙은 사람들이 많다. 이들은 모두 정부 부처에서 고급 공무원으로 활동하고 있다. 그러나 경제적으로 여유 있는 사람은 거의 없다. 공무원 월급으로는 잘살기가 어렵다. 그리고 이들 중에서 공무원 생활이 자기가 그리던 꿈이었다고 말하는 사람은 거의 없다.

꿈은 달성했지만 잘살지 못하는 이유는 2가지가 있다. 첫째는 자기가 진정으로 원하는 것이 무엇인지 모르면서 꿈을 가진 경우다. 꿈은 자기가 좋아하는 것이라고 말들을 하지만, 대부분 사람은 자기가 진정으로 무엇을 좋아하는지 모르면서 꿈을 가진다.

중학생, 고등학생들의 장래희망은 대부분 연예인, 교사, 의사, 간호사, 과학자 등이다. 이런 직업들을 자기 꿈으로 생각하고 대학을 준비하곤 한다. 그러나 이러한 일들이 정말로 자신들이 좋아하는 것이고, 자신들의 진정한 꿈일까?

자기가 무엇을 좋아하는지 알기 위해서는 우선 그 분야를 알아야 한다. 자기가 어떤 음식을 좋아하는지 알기 위해서는 우선 여러 가지 음식을 먹어봐야 한다. 평생 먹은 음식이 밥, 김치, 불고기, 비빔밥 같은 한식밖에 없는 사람에게 좋아하는 음식을 고르라고 하면 당연히 한식 중에서 고를 수밖에 없다. 프랑스 요리, 중국 요리, 일본 요리, 태국 요리, 멕시코 요리, 인도 요리 등 많은 음식을 먹어본 후에라야 정말로 자기가 좋아하는 음식이 무엇인지를 알 수 있다.

초등학생, 중·고등학생들이 연예인, 의사, 교사 등을 자신의 꿈으로 말하는 이유는 일단 자기들이 알고 있는 직업이 그 정도밖에 없기 때문이다. 세상에는 몇만 개나 되는 직업이 있지만, 학생들이 알고 있는 직업의 수는 한정적이다. 대학생들도 마찬가지다. 대학생들은 자신의 직업으로 대기업 직원, 공무원, 교사, 자격증이 필요한 몇몇 전문직밖에 생각하지 못한다. 세상에 얼마나 다양한 업무가 있는지 알지 못한다. 그런 상태에서 "자신의 꿈이 이것이다"라고 말하는 것은 한식밖에 먹어보지 못한 사람이 "내가 가장 좋아하는 음식은 불고기다"라고 말하는 것과 별 차이가 없다. 프랑스의 정통 스테이크를 먹어보면 쉽게 흔들릴 꿈이다.

이렇게 대부분 사람은 아직 자기가 정말 좋아하는 것이 무엇인지 모르는 상태에서 주변 사람들이 좋다고 하는 것을 꿈으로 삼는 경우가 많다. 이런 식으로 만들어진 꿈은, 설사 꿈을 달성했다고 해도 진정으로 행복해지기가 어렵다. 꿈을 달성해도 잠시만의 즐거움만 느낄 뿐이다. 꿈을 이루었다고 잠시 즐거워할 순 있지만, 그 이후로는 삶에 충분히 만족하지 못하는 현상이 발생한다. 그래서 주변 사람들의 말만 듣고 꿈을 선택한 사람은 설사 꿈을 달성했다고 하더라도 벤츠를 타기가 어렵다.

꿈은 달성했지만 잘살지 못하는 두 번째 이유는 꿈을 달성하는 것과 경제적으로 잘사는 것이 원래부터 별로 관계가 없기 때문이다. 많은 사람은 꿈을 이루면 경제적으로도 잘살 수 있으리라고 생각한다. 하지만 막상 자신의 꿈, 자신이 원하는 목적을 달성했는데도 사는 모습은 별다른 차이가 없는 경우가 많다. 이럴 때 사람들은 사회를 비판하곤 한다. 이 사회가 잘못되어서 꿈을 이루었는데도 먹고사는 문제가 해결되지 않는다고 비판한다. 하지만 냉정히 말해 사회의 문제가 아니다. 원래 꿈을 달성하는 것과 부자가 되는 것은 큰 상관이 없다.

많은 사람이 꿈으로 삼고 있는 교사나 공무원은 원래부터 보수가 많은 직업이 아니다. 그러니 교사나 공무원이 되는 꿈을 이루었다고 해도 잘살 수는 없다. 간호사도 마찬가지다. 사명감이나 의로운 일이라는 의미는 깊지만, 경제적 보상은 적은 직업이다.

유명한 디자이너가 되는 것이 꿈이라면 꿈을 이뤘을 때 이름 있는 디자이너가 될 수 있다. 그러나 부자가 되는 것은 별개의 이야기다. 유명한 과학자가 될 수도 있다. 유명한 언론인이 될 수도 있다. 이렇게 직업적으로 성공하고 해당 분야에서 명성을 얻는 것은 그 자체로 의미가 있다. 한 분야에서 성공해서 유명인이 된 사람은 훌륭한 사람들이다. 이 사회는 그런 사람들에 의해서 발전한다.

그렇다고 해서 그 사람들이 경제적으로 잘사는 것은 아니다. 자기 직업에서 꿈을 이루고, 자기 분야에서 유명인이 되는 것과 경제적으로 잘사는 일은 별로 상관이 없다. 한 분야에서 꿈을 이룰 정도로 성공한 것이 경제적 보상과 직결되는 경우는 사회의 극히 적은 부문에서만 이루어진다. 축구선수 박지성, 야구선수 추신수처럼 인기 있는 스포츠 분야에서 꿈을 이루면 돈방석에 앉는다. 유명 변호사, 유명 의사로 꿈을 이루면 많은 돈을 벌 수 있다. 사업에서 꿈을 이루면 갑부가 될 수 있다. 유명 배우, 연예인의 꿈을 이루면 부자가 될 수 있다. 축구, 야구, 드라마, 영화, 기업에 종사하다가 부자가 된 사람들의 이야기는 방송에서 많이 나온다. 그들이 꿈을 이루기 위해 얼마나 노력했으며, 또 그 꿈을 이뤄 얼마나 많은 돈을 벌었는지를 이야기한다. 그러한 방송을 많이 본 보통 사람들은 어떤 분야든 성공하면 돈도 같이 따라온다고 생각한다. 그러나 자기 직업 분야에서 성공했을 때 돈도 같이 들어오는 경우는 이렇게 야구나 축구 같은 운동선수, 연예인, 기업가 등 몇몇 분야로 한정된다. 보통은 꿈을 달성했다고 해서 경제적 부가 같이 따라 들어오지는 않는다.

올림픽에서 금메달을 따는 것이 꿈인 사람들이 많다. 그러나 비인기 종목에서는 세계 1위가 된다 하더라도 부자가 될 수 없다. 유도 선수로 금메달을 딴다고 해서 큰 부자가 되지는 않는다. 올림픽에서 금메달을 몇 개나 딴 훌륭한 선수라고 하더라도 월 100만 원 정도의 연금만 받을 뿐이다. 그러나 월 100만 원 정도 수입으로는 벤츠를 탈 수 없다. 금메달 달성 축하금으로 1억 정도 받을 수도 있다. 하지만 정기적이 아니라 단 한 번 들어오는 돈으로는 벤츠를 사고 유지하기가 어렵다.

이렇듯 직업적인 꿈을 이루더라도 경제적으로 여유 있게 사는 것은 다른 얘기다. 그래서 직업적인 꿈을 이루었다 하더라도 벤츠를 사는 건 어렵다. 그리고 또 많은 사람은 꿈을 직업과 다른 분야에서 가지고 있기도 하다. 세계여행을 해보고 싶다는 꿈, 아름다운 사랑을 해보고 싶다는 꿈, 카페를 가지고 싶다는 꿈 등이다. 세계여행이 꿈이라서 트럭 기사 등을 하면서 돈을 모으면 바로 외국에 나가고, 1년 벌어서 1년 동안 해외여행을 하는 사람들도 있다. 이런 경우 역시 꿈을 이루었어도 부자가 될 수 없는 사례에 속한다.

꿈을 달성했을 때 벤츠를 살 수 있으려면 '벤츠를 사겠다', '부자가 되겠다', '돈을 많이 벌겠다', '내 명의의 건물을 가지겠다', '회사를 차리겠다'와 같이 돈과 관련된 꿈을 가져야만 한다. 이런 경우에만 꿈이 달성되었을 때 부자가 될 수 있다. 그런데 많은 사람의 꿈은 돈과 거리가 있다. 그래서 꿈은 이루어도 벤츠는 탈 수 없다.

꿈은 이루었지만 잘살지 못할 때 "난 못살지만 꿈은 이루었으니 됐어"라고 말할 수 있다면 괜찮다. 하지만 많은 경우 '난 꿈을 이루었는데, 왜 이렇게밖에 못살지?'라는 의문이 마음속에 남는다. 그래서 꿈은 잘 만들어야 한다. 특히 나중에 벤츠를 탈 수 있으려면 아무 꿈이나 만들어서는 안 된다. 꿈이 달성되었을 때 경제적으로도 잘살 수 있는 꿈을 꾸어야 한다. 그런 꿈이 아니라면 아무리 꿈을 이루었다 해도 벤츠를 탈 수 없다.

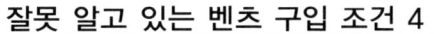 잘못 알고 있는 벤츠 구입 조건 4
성실하게 살면 된다?

'성실함'은 굉장한 자산이다. 성실한 사람은 어디에서나 환영받는다. 직장인으로서의 성실함은 기업에서 가장 첫 번째로 바라는 요소다. 그리고 친구 간 관계, 남녀 간 관계에서도 성실한 사람은 상대방에게 함께할 수 있다는 믿음을 준다.

대기업에서는 신입사원을 뽑을 때 대학 졸업 여부를 본 다음 학점을 본다. 사실 어느 한 사람의 실력이 대학을 졸업했는가 아닌가에 따라 크게 달라지지는 않는다. 마이크로소프트를 설립해서 세계 제일의 갑부가 된 빌 게이츠도 대학을 중퇴했고, 아이팟과 아이폰을 만들어 세계에서 가장 혁신적인 기업가란 칭송을 듣는 스티브 잡스도 대학을 중퇴했다. 그 사람의 진정한 능력은 대학을 졸업했는가, 아닌가로 판가름나지 않는다.

그럼에도 대기업에서는 사람을 뽑을 때 학벌을 본다. 대기업에서는 빌 게이츠, 스티브 잡스의 사례를 모를까? 대학 졸업 여부가 뛰어난 인재를 판단해주지 않는다는 사실을 모르는 걸까? 당연히 우리가 아는 사실을 기업도 충분히 알고 있다. 그럼에도 기업에서 대학 졸업자를 요구하는 이유는 대학 졸업이 10대와 20대를 성실하게 보냈다는 사실을 증명하기 때문이다. 대기업에서는 창의적인 사람들도 중요하지만, 그것보다 성실한 사람이 더 중요하다. 성실은 창의성보다 더 나으면 나았지 모자라는 가치가 아니다.

대학을 졸업하기 위해서는 초등학교 6년, 중학교 3년, 고등학교 3년, 그리고 대학 4년이라는 긴 기간이 필요하다. 대학 졸업은 무려 16년 동안 자기에게 주어진 일들을 어느 정도 수준으로 해왔음을 뜻한다. 특히 공부는 사람들이 좋아하는 일이 아니다. 학교에 다니니까, 시험을 봐야 하니까 억지로 한다. 공부를 정말로 좋아서 하는 사람은 별로 없다. 대학 이후라면 모를까, 중·고등학교 공부를 좋아서 하는 사람은 거의 없다. 그런데도 대학을 졸업했다면 그렇게 좋아하지 않는 공부도 어느 정도 성실하게 했음을 의미한다. 그 정도면 회사에서 좀 싫은 일을 시켜도 충분히 할 수 있다. 성실성이 기업 입장에서 굉장히 중요한 가치인 이유다.

조금 더 좋은 대학을 나왔다는 것은 그 사람이 좀 더 성실했다는 것을 의미한다. 그리고 학점이 좋다는 것은 대학 생활을 성실하게 했다는 것을 의미한다. 기업에서는 아니, 기업만이 아니라 공무원을 포함한 모든 조직에서는 그런 성실한 사람들을 좋아한다.

조직 관계에서만이 아니라 개인적인 인간관계에서도 성실성은 중요한 가치다. 사람들은 자기와의 관계에 성실한 사람들과만 오랫동안 교류한다. 친구 관계나 남녀 관계에서 처음에는 유머러스하고 재치 있는 사람이 더 매력적으로 느껴질 수 있다. 그런 사람이 친구가 되거나 애인이 되는 게 좋을 수도 있다. 하지만 단기간의 관계를 지나 장기간 지속되는 관계를 맺기 위해서는 가장 중요한 요소가 성실성이다. 아무리 재미있어도 서로의 관계에 성실하지 않으면 오래 만날 수 없다. 성실한 사람들은 사회에서 꼭 필요한 사람들이고 사회에 도움이 되는 중요한 사람들이다.

그러면 줄곧 성실하게 살면 나중에 벤츠를 탈 수 있을까? 평생 성실하게 살면서 일탈하지 않으면 벤츠를 탈 수 있을까? 아니다. 탈 수 없다. 성실하게 살면 먹고사는 문제만큼은 보장받을 수 있다. 다른 사람들과 원만한 관계를 맺으며 살아가는 것도 보장받을 수 있다. 그러나 벤츠를 타는 것은 보장받지 못한다. 성실한 삶과 벤츠를 타는 삶은 큰 상관이 없다. 벤츠를 타려면 성실성 이외에 무언가 다른 요소가 필요하다.

사실 현대사회를 살아가는 사람들은 모두 다 성실하다. 물론 학생 때는 성실하지 못한 생활을 할 수도 있다. 종일 학교에 앉아 있지만 딴짓만 할 수도 있다. 대학생일 때 공부는 안 하고 매일매일 술만 마시고 놀 수도 있다. 학생 때는 그런 식으로 지낼 수도 있다. 그러나 사회에 본격적으로 들어가 자신의 생계를 책임져야 하는 시점부터는 누구나 다 성실하게 살아간다. 이 세상에서 먹고살려면 성실해야만 한다. 그러지 않으면 살아갈 수 없는 곳이 사회다. 어디서 어떤 일을 하더라도, 성실해야만 생계를 유지할 수 있다. 성실하지 못한 사람은 어떤 직장에서든 바로 정리된다. 보다 능력 있게 일했는가, 성실했으나 성과는 좋지 않았는가의 차이는 있을 수 있지만, 기본적으로 성실한 사람이 직장에서도 오래 살아남는다.

부모가 남겨준 재산이 많은 사람은 성실하지 않아도 충분히 잘살 수 있다. 그러나 직장에 다니며 생활비를 벌어야 하는 사람들은 모두가 다 성실하게 살아간다. 그리고 이렇게 모두 다 일정 수준 이상으로 성실하게 살고 있기 때문에, 성실하게 산다는 것만으로는 잘사는 삶을 보장받을 수 없다. 아무리 성실하게 살아도 벤츠를 탈 수는 없다.

레드 퀸(Red Queen) 효과, 즉 붉은 여왕 효과란 게 있다. 내가 아무리 열심히 앞으로 나아간다 하더라도, 주변 사람들도 모두 열심히 앞으로 나아가고 있다면 내 위치는 제자리다. 주변 사람이 모두 달리고 있으면 내가 달린다고 해서 다른 사람들보다 앞서 나갈 수는 없다. 이럴 때 달리는 걸 포기하면 곧바로 뒤처진다. 달리지 않으면 제자리에 있는 것이 아니라 뒤로 처진다. 이 세상 사람은 모두 달리고 있다. 이런 세상에서 내가 열심히 일한다는 사실이 곧 내가 앞으로 나아가고 있다는 것을 말해주지 않는다. 열심히 그리고 성실히 살면 현재 위치에 있을 뿐이다. 성실히 살면 제자리에서 살 수 있다. 그러나 성실하게 살지 않으면 뒤처진다. 그래서 성실성은 앞으로 나아가게 하는 요소가 아니라 뒤로 처지지 않게 도와주는 요소다. 성실하게 살면 지금의 경제적 지위를 유지할 수 있을 뿐이지 더 큰 부를 얻을 수는 없다. 성실하게 산다고 해서 벤츠를 살 수 있는 게 아니라는 뜻이다.

세상에는 성실하게 살아가는 사람들이 참 많다. 정말 열심히 사는 사람들이 많다. 내가 보기에 정말로 열심히 일하는 사람 중 하나는 농부다. 새벽같이 일어나 해질 때까지, 정말 쉴 새 없이 움직인다. 쓸데없는 일을 하는 것도 아니다. 씨뿌리기, 잡초 뽑기, 거름주기, 가지치기 등 정말로 반드시 해야 할 일들을 한다. 꾀를 부리지도 않는다. 농작물은 그때그때 필요한 일들을 해주어야만 잘 자랄 수 있다. 그래서 농부들은 시기를 놓치지 않기 위해서 정말 열심히 일한다. 그렇게 열심히, 성실하게 일하지만 농민의 소득은 해마다 감소하고 있다. 도시 근로자 소득보다 농민의 소득 비율이 더 큰 감소세를 보이고 있다. 성실한 것이 경제적 소득을 보장한다면, 농민들이 도시 근로자들보다 훨씬 더 잘살아야 한다.

백화점, 대형마트 등 유통업계에서 일하는 사람들도 굉장하다. 하루 내내 선 상태로 계속 손님들을 응대한다. 백화점은 저녁 8시에 문을 닫지만 그 이후의 시간에도 사람들은 우리가 볼 수 없는 매장 안에서 바쁘게 움직인다. 매장을 정리해 마감하기까지 계속 몸을 움직여야 한다. 대기업에서 일하는 사람들도 고되기는 마찬가지다. 하루하루가 야근의 연속이다. 주요 대기업에서는 매일 밤늦게까지 야근하는 것이 당연하게 여겨진다. 주말 근무도 일상적으로 이루어진다.

한국에서 근로자의 많은 비중을 차지하고 있는 자영업자들도 마찬가지다. 편의점도, 치킨집도, 빵집도 근무시간이 엄청나다. 근로자의 법정 근로시간은 하루 8시간이지만, 지금 한국 사회에서 하루 8시간만 일하는 사람은 그렇게 많지 않다. 공무원은 퇴근 시간이 보장되는 줄 아는 사람들도 있지만, 실제로는 그렇지 않다. 한국 근로자의 근무 시간이 OECD 국가들 중에서 최고로 길다는 통계는 괜히 나온 것이 아니다. 한국 사람들은 정말 성실하다. 주어진 일들을 성실하게 해내고 있다.

그러나 우리는 알고 있다. 편의점에서 하루 10시간 넘게 서서 성실히 일하는 직원이 벤츠를 사기는 어렵다는 것, 매일매일 야근하는 대기업 직원이나 공무원이 자기 월급으로 벤츠를 산다는 것은 요원한 일이라는 것, 백화점이나 대형 마트에서 종일 서서 일하는 성실한 매장 직원이 벤츠를 살 일은 거의 없다는 것을. 성실하게 살아서 벤츠를 탈 수 있다면 이렇게 열심히 산 사람들은 모두 벤츠를 타야 한다. 그러나 그런 일은 거의 벌어지지 않는다. 성실하게 사는 것과 벤츠를 타는 것은 별개의 일이다. 벤츠를 타기 위해서는 성실한 것 외에 무언가 다른 요소가 더 필요하다.

잘못 알고 있는 벤츠 구입 조건 5:

선진국이 되면 된다?

 18대 대선에서 대통령으로 선출된 박근혜 정부는 복지사회를 목적으로 국정을 운영한다. 소수가 잘사는 사회보다 가난한 사람 없이 모두가 잘사는 세상을 만들려고 한다. 이렇게 복지사회를 만들고자 하는 것은 박근혜 정부만이 아니다. 여당뿐만 아니라 야당도 복지사회를 달성하자고 목소리를 높인다. 일반 대중들, 저소득층과 중산층을 위한 정책들을 다양하게 내놓고 있고, 못사는 사람 없이 모두가 잘사는 사회에 대한 청사진을 그려주고 있다.

 돈이 부족한 사람들도 충분히 살아갈 수 있도록 돕는 제도들이 국가에 의해서 만들어지고 또 시행되고 있다. 국민연금, 건강보험은 이전부터 있었고, 유아들에 대한 무상보육도 시행되고 있다. 학교에서는 무상급식도 이루어지고 있다. 지금 한국은 모두가 잘살 수 있는 복지

사회를 만들기 위해 노력하고 있다. 그러면 이렇게 모두가 잘사는 복지사회가 되면 더 많은 사람이 벤츠를 탈 수 있을까?

여당과 야당이 그리는 복지사회가 정말로 이루어질지, 아닐지는 모른다. 솔직히 말하면 여당과 야당이 함께 주장하는 모두가 잘사는 복지사회는 달성하기가 참 어렵다. 무엇보다 전 세계 어느 나라에서도 지금 우리나라의 여당과 야당이 제시하는 모두가 잘사는 복지사회를 달성하지 못했다. 전 세계에서 북유럽 국가들이 그나마 복지제도가 잘 마련되어 있다. 복지제도가 잘 마련되어 있는 대신 세금이 엄청나다. 지금 한국에서는 세금은 올리지 않고 복지국가만 만들려고 한다. 한국이 세금을 올리지 않고, 올리더라도 조금만 올리고 복지국가를 만들 수만 있다면 전 세계 국가의 롤모델이 될 것이다. 인류 역사상 어떤 국가도 달성하지 못한 이상향을 만드는 데 성공했으니 말이다.

어쨌든 그렇게 한국이 복지국가가 된다고 하자. 그러면 여러분도 벤츠를 탈 수 있을까? 그렇지 않다. 복지국가가 되는 것과 여러분이 벤츠를 타는 것은 아무 상관이 없다. 여당과 야당이 모두 원하는, 국민 모두 어려움 없이 사는 나라가 된다고 하더라도 우리가 벤츠를 탈 수 있는 것은 아니다.

복지국가는 기본적으로 사람들을 잘살게 하려는 게 아니라 못사는 사람들을 줄이려는 게 목적이다. 복지국가는 빵을 먹지 못하는 사람에게 빵을 주고, 돈이 없어서 병원에 가지 못하는 사람들에게 병원 서비스를 제공한다. 돈이 없어서 학교에 가지 못하는 사람들이 학교에 다닐 수 있게 해주고, 돈이 없어서 먹지 못하는 사람들에게 음식을 제공한다. 복지국가는 그렇게 가난한 사람들에게 기본적인 생활 방안을 제공한다. 이미 굶지 않고 먹는 사람들에게는 특별히 도움을 주지 않는다. 아프면 병원에 갈 수 있는 사람들에게는 혜택을 주지 않는다. 이미 학교에 잘 다니는 사람들에게는 별도의 도움을 주지 않는다. 이렇듯 복지국가는 스스로 알아서 살 수 있는 사람들은 건드리지 않는다. 그런 사람들에게는 세금만 걷을 뿐이다. 대신 스스로 살지 못하는 어려운 사람들을 돕는다.

복지국가는 미국의 철학자 존 롤스의 《정의론》에 사상적 기반을 둔다. 《정의론》에 의하면 좋은 사회, 나쁜 사회를 구분하는 기준은 그 사회에서 가장 소득이 낮은 사람들의 수준으로 결정된다. 평균 소득, 즉 1인당 GDP나 1인당 GNP에 의해서 정의로운 사회가 정해지는 게 아니다. 1인당 GDP는 평균일 뿐이다. A의 소득이 6만 달러이고, B의 소득이 0달러라면, A와 B로 이루어진 국가의 평균 1인당 GDP는 3만 달러다. 우리는 1인당 GDP가 3만 달러가 넘으면 선진국으로 간주한다. 그러나 롤스의 《정의론》에 의하면 이 국가의 정의 수준은 소득 0이다. C의 소득은 1만 달러이고 D의 소득도 1만 달러라고 하면 C와 D로 이루어진 국가의 1인당 GDP는 1만 달러다. 1인당 GDP로 보면 C-D 국가는 A-B 국가보다 훨씬 경제적 수준이 떨어진다. 그러나 롤스의 《정의론》에 의하면 C-D 국가의 정의 수준은 1만 달러. A-B 국가보다 C-D 국가가 훨씬 더 정의로운 사회다.

복지국가는 롤스의 《정의론》에 입각해 있다. 지금 여당과 야당이 바라는 복지국가가 되면 분명 더 좋은 사회가 될 것이다. 좀 더 정의로운 사회가 될 것이다. 하지만 좋은 사회, 잘사는 사회, 정의로운 사회가 된다고 하여 여러분이 벤츠를 탈 수 있는 건 아니다. 여러분이 벤츠를 타느냐, 마느냐의 문제는 한국 사회가 더 좋아지느냐, 안 좋아지느냐와는 별 상관이 없다. 한국이 모두가 잘사는 복지사회가 되느냐, 아니면 소수만 잘사는 소위 신자유주의 국가가 되느냐는 여러분이 벤츠를 타느냐, 마느냐와 별 상관이 없는 이야기다. 벤츠를 타는 일은 그저 여러분이 어떻게 하느냐에 달려 있다. 국가가 어떻게 하는가는 여러분이 벤츠를 타는 것과 아무 상관이 없다.

사실 국가는 국민의 벤츠 소유 여부에 엄청난 영향을 미친다. 국가의 정책과 경제 수준은 국민의 삶에 큰 영향을 미칠 수밖에 없다. 국가가 외국으로부터 자동차 수입을 허락하지 않는 정책을 시행한다면 여러분이 아무리 노력한다고 해도 벤츠를 탈 수 없다. 국가 전체의 소득 수준이 후진국 수준이라면, 여러분이 노력한다고 해서 벤츠를 탈 수 있다는 보장은 없다. 후진국에서는 권력을 쥐고 있는 소수 권력자, 그리고 국가의 부를 통제할 수 있는 거대 기업가만이 벤츠를 탈 수 있다. 보통 사람은 아무리 노력한다고 해도 벤츠를 살 수 있는 구조가 아니다. 북한 같은 경우에도 마찬가지다. 북한 같은 폐쇄 경제 체제, 그리고 독재국가에서는 보통 사람들이 노력해도 벤츠를 살 수 없다. 한국에서도 1980년대 이전에는 보통 사람들이 벤츠를 살 수 없었다.

외제 자동차는 수입되지 않았고, 소수 권력자에게만 외제 자동차를 타는 것이 허용되었다. 만약 이런 국가에서 벤츠를 탈 방법을 이야기하라고 한다면, 개인이 열심히 노력해야 한다는 등의 이야기를 하지는 않을 것이다. 이런 국가에서 벤츠를 탈 수 있으려면 먼저 국가의 제도나 정책을 바꾸어야 한다고 이야기해야 한다.

하지만 오늘날의 한국은 그런 수준의 국가가 아니다. 외제 자동차 수입이 금지되는 등 돈이 있다 하더라도 차를 구매할 수 없는 수준의 폐쇄 경제가 아니다. 국가 전체적인 소득 수준이 워낙 낮아서, 아무리 일반 국민이 노력한다고 해도 벤츠를 구입할 돈을 마련할 수 없을 정도로 가난한 국가도 아니다. 오늘날 한국의 경제 수준, 그리고 정치 수준에서는 국민 개개인 각자가 어떻게 하느냐에 따라 자신의 삶이 결정된다.

복지국가는 돈이 없어도 어느 정도 생계를 유지할 수 있게 해준다. 복지국가가 제공하는 것은 거기까지다. 생계를 유지하고 생활할 수 있게 된 이후에, 그다음에 얼마나 잘살 수 있는가는 국가의 소관이 아니다. 여기서부터는 국민 각자의 소관이다. 따라서 복지국가는 여러분에게 벤츠를 사주지 않는다. 아무리 좋은 복지국가라고 하더라도 국민에게 벤츠 수준의 차를 보장해주는 국가는 없다. 복지국가는 돈이 없어도 거리를 다닐 수 있게 대중교통 요금을 면제해줄 수는 있다. 지하철, 버스 같은 대중교통 체계를 완벽하게 만들고, 저렴한 요금으로 이용하게 해줄 수 있다. 그러나 국민에게 자가용 한 대씩을 보장해주는 식의 복지는 절대 해주지 않는다. 더구나 벤츠급의 차를 국민에게 제공해주는 것은 한국이 최고의 선진국이 되고 세계에서 제일 잘사는 국가가 된다고 하더라도, 그리고 복지 제도가 완벽하게 이루어진다고 하더라도 불가능한 일이다.

결론적으로 한국 사회가 앞으로 얼마나 발전하든 여러분이 벤츠를 타는 일과는 상관이 없다. 한국 사회가 얼마나 좋은 복지국가가 되느냐 여부도 여러분이 벤츠를 타는 것과 아무 상관이 없다. 벤츠를 타는 일은 오로지 우리 자신에게 달린 문제일 뿐이다.

벤츠를 사려면 자기계발서를 읽어라!

사람들은 앞으로 어떻게 하면 잘살 수 있는지를 생각할 때 보통 '열심히 하면'이라고 생각한다. 그리고 '좋은 직장을 얻으면', '공부를 잘해서 좋은 대학을 나오면' 등을 생각한다. 그러나 나의 경험상, 그리고 내 주위 사람들이 사는 것을 보건대, 그런 요소가 벤츠를 사는 데 도움이 되지는 않았다.

내 주위에는 학벌 좋고 좋은 직장에 다니는 사람들, 그리고 지금도 회사에서 열심히 일하는 사람들이 아주 많다. 서울대 경제학부를 졸업한 동기들을 보면 이름을 대면 거의 모두가 알고 있는 회사에 다닌다. 금융 부문에서 일하는 사람들이 많고 대기업에서 일하는 사람들도 있다. 그리고 공무원도 많다. 행정고시에 붙어서 사무관이나 서기관을 하는 사람들, 사법시험을 보고 판사, 검사, 변호사를 하는 사람들도 있다. 공인회계사 자격증을 가지고 회계 법인에서 일하는 사람들도 있고, 세무사나 감정평가사 등 각종 자격증을 가지고 일하는 사람들도 있다. 그리고 물론, 공부를 계속해서 나처럼 교수가 된 사람들도 있다.

나는 대학원도 서울대에서 나왔다. 석사 동기들은 대다수가 공무원이 되거나 대기업에 들어가 일하고 있다. 박사 동기들은 거의 다 교수로 일한다. 박사는 학문의 길을 가는 사람들이니만큼, 교수가 되거나 연구원에서 일하는 사람이 많다.

사실 행정고시에 붙은 공무원, 사법고시에 붙은 판사, 검사, 변호사가 나만큼 주위에 널린 사람도 별로 없는 것 같다. 학교가 아니라 다른 계기로 알게 된 사람들과 대화해보면, 아는 지인 중 판사, 검사, 변호사가 주변에 한 명도 없는 사람들이 많다. 의사 중에서 아는 사람이 없는 사람들, 교수 중에서 아는 사람이 없는 사람들도 많다. 설사 안다 하더라도 직접 아는 것이 아니라 사촌의 누구, 친구의 친구로 알 따름이지 직접 교류하며 지내는 사람들은 별로 없다.

내 주변에 의사나 법조인이 많은 이유는 내가 서울대를 나왔기 때문이다. 그건 인정한다. 좋은 학벌을 가지고 있으면 분명 장점이 있다. 내가 어떻게 사는가는 별론으로 하고, 내 주변에는 사회에서 소위 말하는 '잘나가는' 사람들이 많다. 그 사람들을 직접 알고 지낸다는 것만으로도 충분한 가치가 있다. 그래서 학벌이 필요 없다고까지는 말하지 않는다. 학벌이 좋은 것은 나름대로 충분한 의의가 있다.

좋은 학벌이나 좋은 직장은, 또 성실하고 열심히 사는 것은 사회에서 나름대로 의미가 있다. 그러나 거기까지다. 좋은 학벌과 좋은 직장이 있고 열심히 산다고 해서 부자가 되지는 않는다. 중산층으로 먹고 살 수는 있다. 하지만 잘살지는 못한다. 일반적인 차는 탈 수 있다. 하지만 벤츠를 탈 수는 없다.

많은 사람이 이야기한다. 좋은 학교를 나오면 잘살 수 있다, 소위 'SKY 대학'을 나오면 잘살 수 있다, '사(士)' 자가 들어가는 좋은 직업을 가지면 잘살 수 있다고 말이다. 그렇지만 한번 물어보라. 그렇게 말하는 사람들이 정말 어느 학교를 나왔는지, 그 사람과 주변 사람들의 직업은 무엇인지, 그리고 그 사람이 1년에 버는 진짜 수입은 얼마인지.

교수 중 잘사는 사람들이 많다. 그러나 교수 중에서 잘사는 사람은 집이 원래부터 부자인 경우가 대부분이다. 집이 부자이기 때문에 별다른 걱정 없이 취직을 안 했고 박사 학위를 딸 때까지 학교에 계속 다니고 유학도 갔다 올 수 있었다. 그렇게 원래부터 집이 부자이기 때문에 잘사는 교수들이 있는 것이지, 교수 생활로 돈을 많이 벌어서 부자가 된 경우는 드물다.

공무원들과 판검사들도 마찬가지다. 잘사는 판검사들도 많이 있다. 하지만 많은 경우가 집이 원래 부자이거나, 아니면 부잣집과 결혼해서 잘사는 것이지 판검사 자체의 급여만 놓고 보면 절대 돈을 많이 번다고 말할 수 없다. 만일 집안이 부자도 아닌데 돈이 많은 판검사가 있다면 돈을 벌기 위해 별도로 투자해서 성공한 경우다. 이마저도 아닌

데 잘사는 판검사들이 있다면 그건 부정부패를 저질렀기 때문이다. 절대 판검사의 월급만 가지고는 부자가 될 수 없다.

많은 사람이 그 실체를 잘 모르고 그저 판검사의 수입이 좋을 거라고만 생각한다. 사회에서 좋은 직장을 가지면 잘살 거라고 생각한다. 그러나 그렇지 않다. 좋은 학벌이나 직장을 가졌거나, 성실하게 삶을 꾸려나간다고 해서 벤츠를 살 수 있는 건 아니다. 벤츠를 사려면 그런 것과는 다른 무언가가 필요하다.

내가 벤츠를 산 다음부터 어떻게 하면 외제 자동차를 살 수 있는지 물어보는 사람들이 가끔 있다. 그때 내가 보통 하는 말은 "운이 좋아서"이다. 사람들의 질문에 정색하고 '이렇게 저렇게 하면 된다'라고 말하면 잘난 체하는 것처럼 들리기 때문이다. 그냥 '운이 좋아서', '어떻게 하다 보니'라는 식으로 무난하게 넘어가는 것이 제일 좋다. 그러지 않고 상대방의 질문에 진지하게 응대하면, 한 술 더 떠 가르쳐들려고 하면 인간관계에 문제가 생길 수 있다.

그러나 가끔 진지하게 물어보는 사람이 있다. 지나가면서 던지듯이 물어보는 것이 아니라 정말로 궁금해서 물어보는 사람, 자기가 어떻게 하면 벤츠를 살 수 있는지 그에 대한 진실한 정보를 얻기 위해서 물어보는 사람들이 있다. 그런 태도로 질문하는 사람에게는 "운이 좋아서"라고 대답해줄 수 없다. 그때는 정말 내 생각을 이야기해준다. 그리고 그 대답은 "자기계발서를 계속 읽고, 그 안에 들어 있는 말들을 하나라도 좋으니 시행해보라"이다.

나는 서울대 출신이다. 박사 학위도 있다. 교수라는 타이틀을 가지고 있기도 하다. 논문도 1년에 평균 7~8개를 쓴다. 이런 현실을 알고 있는 사람들은 어떻게 하면 벤츠를 살 수 있느냐는 질문에 내가 내놓을 답을 무심코 추측한다. '공부를 열심히 하면 된다', '좋은 직장에 들어가서 열심히 일하면 된다', '저축을 해서 돈을 모으면 된다', '투자를 해서 돈을 벌면 된다', '자기가 좋아하는 일을 열심히 하면 된다'는 등의 대답을 예상한다. 그런데 나는 그런 말은 하지 않는다. 공부를 열심히 하면 좋은 대학을 들어가고 박사 학위도 받을 수 있다. 그러나 벤츠를 살 수 있는 것은 아니다. 대부분 사람이 좋은 자리라고 생각하는 직장은 '다른 사람들이 보기에 멋있어 보이는 직장'일 뿐, 정말로 돈을 많이 버는 직장이 아니다. 열심히 살면 현재 상태를 유지하고 좀 더 좋아질 수 있겠지만 벤츠를 살 수 있을 정도로 수입이 생기리라는 보장은 없다.

내 대답은 "자기계발서를 계속 읽고, 그 안에 들어 있는 말들을 조금씩 직접 실천하라"이다. 그러면 벤츠를 살 수 있다. 이것이 서울대를 나오고, 박사 학위를 받고, 교수를 하고, 논문을 계속 쓰고 있는 사람이 말하는 '벤츠를 사는 방법'이다.

박사 학위를 가지고 꾸준히 논문을 쓰는 사람이 "잘살고 싶다면 자기계발서를 읽어라"라고 말하는 건 정말 웃긴 일이다. 사실 글 쓰기를 업으로 삼은 학자들은 자기계발서를 책으로 치지도 않는다. 수준이 낮고 가능한 한 많이 팔아서 돈을 벌기 위해 쓰는 책이라고 생각한다.

하지만 내가 벤츠를 살 수 있었던 이유는 서울대를 나왔기 때문이 아니다. 서울대를 졸업한 지 15년이 넘었는데도 내가 타고 다닌 차는 SM3였다. 박사 학위로 벤츠를 탈 수 있는 것도 아니었다. 박사 학위를 받은 후에는 교수로 취직할 수 있었을 뿐이다. 교수라는 직업이 벤츠를 탈 수 있게 해준 것도 아니다. 내가 교수가 되었을 때 처음으로 받은 연봉은 4500만 원이었다. 지금은 그때보다 많이 올랐지만, 아직 벤츠 E클래스 가격을 감당할 수 있을 정도는 아니다. 이런 것들만으로는 벤츠를 살 수 없었다.

그러면 어떻게 해서 벤츠를 살 수 있었을까? 그 답은 자기계발서였다. 스스로 그 점을 인정할 수밖에 없는 경험을 했고 그래서 나는 자기계발서의 가치를 높이 산다. 정말로 자기 내면을 변화시키고 인생을 변화시키는 길은 자기계발서에 있다. 누군가가 어떻게 하면 벤츠를 살 수 있느냐고 물어보면 여전히 내 대답은 이렇다.

"자기계발서를 계속 읽어라. 그리고 그 안에 들어 있는 말을 조금씩이라도 실천해나가라."

2장

절대 무시해선 안 되는 자기계발서의 힘

자기계발서에 가장 많이 나오는 이야기

　자기계발서를 계속 읽으면 벤츠를 탈 수 있다. 그럼 도대체 자기계발서 안에 어떤 이야기가 쓰여 있기에 자기계발서를 읽으면 벤츠를 탈 수 있다는 걸까? 자기계발서 안에는 어떤 비법이 있는 걸까? 자자손손 이어져 오는 부의 비밀이라도 들어 있을까? 보통 사람들은 알 수 없고 특수한 사람들만 알아볼 수 있는 비전이 들어 있는 걸까? 그것도 아니면 다른 곳에서는 보고 들을 수 없는 어떤 특수한 이야기가 쓰여 있는 걸까?

　사실 자기계발서 안에 들어 있는 내용은 특별한 이야기들이 아니다. 누구나 살아오면서 몇 번은 들어봤을 이야기다. 자기계발 책들은 제목만 다를 뿐 내용은 유사하다. 자기계발서 종류가 많다고 해서 모두 다른 이야기를 하는 게 아니다. 거의 비슷한 이야기를 하고 있다.

몇몇 책들이 특별한 이야기를 추가할 때도 있지만, 그래도 기본적인 내용은 거의 같다. 사실 자기계발서의 내용은 서로 비슷비슷하기 때문에 그 주된 내용에 대한 지식을 얻기 위해서라면 여러 권의 책을 읽을 필요가 없다. 자기계발서 중 어느 한 권의 책만 읽어도 핵심적인 이야기는 다 알 수 있다. 다른 자기계발서는 그 핵심적인 이야기를 다른 예를 들어서, 좀 더 다른 시각과 관점으로, 그리고 좀 더 알기 쉽게 설명하고 있을 뿐이다. 그래서 그 핵심적인 지식만을 얻는 것이 목적이라면 한 권의 자기계발서만 읽어도 되고 여러 권의 자기계발서를 읽을 필요가 없다.

그렇다면 온갖 자기계발서가 하는 이야기는 무엇일까? 제목이 다르고 저자도 다르지만 자기계발서가 공통으로 하는 이야기는 무엇일까? 가장 핵심적인 이야기로 대강 5개를 꼽을 수 있다.

첫째, 자기계발서가 가장 먼저 강조하는 이야기는 '목표를 정하라'이다. 다른 말로는 '꿈을 가져라', '비전을 가져라', '방향을 먼저 정하라' 등의 말이 있다. 표현은 다르지만 기본적으로는 다 비슷한 이야기들이다. 앞으로 살아가는 데 목표를 정하라는 것, 꿈을 가지라는 것이다. 이 '목표를 가져라', '꿈을 가져라'라는 말이 특별한 이야기인가? 그렇지 않다. 살아오면서 굉장히 많이 들은 말이다. '소년이여 야망을 가져라'라는 유명한 경구도 있다. 또 어려서부터 사람들은 꿈이 무엇이냐, 장래 희망이 무엇이냐는 질문을 계속 들어왔다. 그러니 꿈과 목표를 가지라는 말은 특별한 말이 아니다. 하지만 자기계발서는 이 '목표를 가져라'라는 말을 가장 우선으로 제시한다. 거의 모든 자기계발서에서 빠지지 않고 하는 이야기다.

둘째, 자기계발서는 '나도 할 수 있다'는 긍정적인 생각을 하라고 요구한다. 비슷한 말로는 '하면 된다고 생각해라', '세상을 긍정적으로 바라보라', '부정적인 생각을 하지 마라' 등이 있다. 각각의 책이나 저자에 따라 표현 방식이 다를 수 있지만, 어느 자기계발서나 긍정적으로 생각하라는 것과 나도 할 수 있다는 생각을 강조하고 있다.

긍정적인 사고방식을 가지라는 말이 특별한 말인가? 그렇지 않다. 부정적인 사고방식은 안 좋고, 긍정적인 사고방식이 좋다는 것은 누구한테 배우지 않아도 알 수 있다. 그런데 자기계발서는 바로 누구나 알고 있는 바로 그 이야기를 한다. 자기계발서에는 어떤 비전, 비급, 비밀스러운 성공 법칙이 숨겨져 있는 게 아니다. 누구나 알고 있는 당연한 이야기가 적혀 있다.

셋째, 자기계발서는 '실패하더라도 포기하지 말고 계속 시도하라'는 이야기를 한다. '실패는 성공으로 가는 도중에 거쳐야 하는 과정이다', '실패는 성공의 어머니다' 등의 이야기들도 제시한다. 이런 말들에 담긴 속뜻은 모두 동일하다. 자기가 원하는 목표를 향해 가다가 실패를 겪더라도 주저앉지 말라는 뜻이다. 일어나서 목표를 향해 다시 가라고 이야기한다. 그런데 또 실패하면? 일어나서 다시 목표를 추구한다. 몇 번을 넘어져도, 계속 일어나서 계속 시도하라는 게 자기계발서가 하는 이야기다.

실패하더라도 포기하지 말라는 메세지가 특별한가? 자기계발서에서만 들을 수 있고 다른 데서는 들을 수 없는 말인가? 그렇지 않다. 포기하더라도 계속 시도하라는 말은 특별한 비법이 아니라, 그저 평범한 상식일 뿐이다. 그런데 모든 자기계발서가 이 이야기를 강조하고 있다.

넷째, 여기서부터는 자기계발서에만 나오는 독특한 이야기다. 다른 데서는 듣지 못한 이야기일 수도 있다. 자기계발서를 한두 권 읽은 사람은 분명히 들어본 적이 있는 말이겠지만 한 번도 읽지 않은 사람은 처음 듣는 이야기일 수 있다. 자기계발서를 읽어야만 알 수 있는 이야기다.

자기계발서는 목표를 정하라고 했다. 그런데 목표를 단순하게 정하면 안 된다. 구체화해야 한다. 꿈을 가지라고 했다. 그런데 그저 꿈만 가지면 안 된다. 꿈이 구체화되어야 한다. '목표와 꿈을 구체화하라', 이것이 자기계발서가 특별히 강조하는 이야기다.

사람들에게 꿈이 무엇인가, 목표가 무엇인가라고 물어보면 "부자가 되고 싶다", "잘살고 싶다", "출세하고 싶다", "행복하게 살고 싶다" 등을 이야기하는 사람들이 많다. 이런 목표는 구체화되지 않은 목표다. 꿈과 목표가 반드시 있어야 하지만, 이렇게 구체화되지 않은 꿈과 목표는 큰 효과가 없다. 꿈과 목표는 구체화되어야 한다.

꿈과 목표를 구체화하는 방법은 수량화하거나 이미지화하는 것이다. 목표를 정할 때 막연하게 '부자가 되고 싶다'고 하지 말고 '10억 원의 현금을 가지고 싶다', '30평짜리 아파트를 가지고 싶다' 등으로 구체화된 목표를 정해야 한다. 이것이 수량화다. 숫자로 셀 수 있게 목표를 설정해야 한다.

수량화가 아니라 이미지화하는 방법도 있다. '부자가 되고 싶다'가 아니라 '벤츠를 타고 싶다'라는 구체적인 목표와 함께 벤츠를 가지고 있는 자신의 모습을 그리는 것이다. '출세하고 싶다'라는 목표를 세우기보다 '사장실 자리에 앉아 있는 자신의 모습을 그리는 것'이 목표의 이미지화다. 자기계발서는 이렇게 꿈을 수량화하거나 이미지화하는 것을 중요하게 제시한다.

마지막으로 자기계발서에서 중요하게 제시하는 것이 하나 더 있다. 바로 이렇게 수량화된 꿈, 구체화된 목표를 종이에 적으라는 것이다. 종이에 적지 않고 이미지를 그리는 것도 좋다. 다만 이 이미지 역시 구체적이어야 한다. 그래서 자기가 그린 것보다 사진을 찍은 것이 더 좋다. 벤츠를 타는 것이 목표라면, '벤츠 타기'라고 종이에 적거나, 아니면 자기가 목표로 삼은 벤츠 사진을 구해서 붙여놓는다. 벤츠 옆에 자기 사진을 같이 붙여놓으면 이미지가 더 구체화된다. 이런 식으로 자신의 꿈과 목표를 종이에 적거나 이미지화하라는 게 자기계발서의 마지막 요구다.

이렇게 구체화된 목표를 종이에 적거나 사진으로 붙여놓으라는 이야기는 유독 자기계발서만 강조하는 이야기다. 다른 책에서는 잘 볼 수 없고, 자기계발서를 읽은 사람들만 알 수 있는 이야기다.

자기계발서에서 하는 이야기는 이 5가지가 거의 전부라고 해도 과언이 아니다. 목표를 정하라, 긍정적인 사고방식을 가져라, 실패해도 계속 시도하라, 꿈을 구체화하라, 그리고 꿈을 종이에 적어라. 이 5가지가 자기계발서의 주요 내용이다. 이 5가지가 특별한 이야기들처럼 느껴지는가? 그다지 특별한 이야기가 아니다. 하지만 거의 모든 자기계발서가 이 5가지 이야기를 공통으로 하고 있다.

별로 특별할 게 없는 자기계발서의 5가지 이야기들. 이것들을 모두 실천하면 어떤 꿈이라도 달성할 수 있을까? 사실 난 그렇다고까진 말할 수 없다. 사람들의 꿈은 다양하고, 또 아무리 봐도 실현될 것 같지 않은 꿈을 꾸는 사람들도 많다. "불로장생하고 싶어요", "대통령이 되고 싶어요", "세계 제일의 부자가 되고 싶어요", "우주 비행사가 되고 싶어요" 등의 꿈은 이 5가지를 실천한다고 해도 쉽게 달성될 것 같지 않다.

하지만 이것은 말할 수 있다. '벤츠를 타겠다' 정도의 꿈을 가지고 이 5가지를 실천하면 분명히 이뤄낼 수 있다. 그 정도면 자기계발서가 하는 이야기에 귀를 기울일 가치가 충분하지 않은가?

# 자기계발서는 경영학이다!

정통적인 자기계발서들은 다들 유사한 이야기를 우리에게 전달하고 있다. 목표를 설정하라, 목표를 구체화하라, 긍정적으로 생각하라, 실패해도 계속 시도하라, 꿈을 종이에 적어라 등이 가장 공통으로 등장하는 말이다. 그럼 이러한 자기계발서의 말들은 정말 의미가 있을까? 과학적으로 맞는 말인 걸까, 아니면 미신에 불과한 걸까? 이런 말들을 따라 하면 정말로 효과를 볼 수 있을까? 아니면 실제 효력은 거의 없는 엉터리 민간요법 같은 것일까?

그에 대한 나의 대답은 '자기계발서의 주요 내용은 과학'이라는 것이다. 충분히 과학에서 논의되고 증명된 것들이라서 과학적 근거가 있다. 목표를 설정하라, 목표를 구체화하라, 실패해도 계속 시도하라 등의 말은 '경영학'적이다. 경영학에서 줄곧 이야기하는 말들이다. 긍정적으로 생각하라는 말은 심리학에 속한다. 심리학에서 그 효과가 충분히 증명된 말이다. 자기계발서에 쓰인 말은 그저 단순한 격언이 아니다. 경영학과 심리학 교재를 알기 쉽게 풀어쓴 내용들이다. 어려운 경영학 전공서나 심리학 전공서를 일반인들이 쉽게 읽을 수 있도록 만들어진 책이 자기계발서라는 이야기다.

경영학은 기업과 관련된 학문 분야다. 단순히 기업을 설명하는 것이 아니라, 어떻게 하면 기업이 성공할 수 있는가를 다루는 학문 분야다. 현대사회에서 필수 조직체인 기업이 어떻게 하면 보다 나아질 수 있는지, 어떻게 하면 이익을 낼 수 있는지, 어떻게 하면 성장할 수 있는지에 대한 종합 과학이다.

경영학에서 '경영이란 무엇인가'에 대한 정의로 가장 대표적인 것이 페욜(Fayol)의 정의다. 페욜은 1900년대 초반 경영학이 형성되던 시기에 유명했던 경영의 구루다. 그는 경영을 계획, 조직, 지휘, 조정, 통제라는 5가지 기능으로 분류했다. 이 경영의 5가지 주요 기능은 거의 모든 현대 경영학원론 교과서에도 소개되어 있다.

여기서 제일 처음에 거론되는 기능인 계획은 목표를 설정하는 것이다. 목표를 설정하고 전략을 만드는 것이 계획 단계다. 즉 기업 활동에서 무엇보다 가장 중요한 것, 우선 필요한 것이 목표 설정이다. 목표를 설정한 다음에야 기업 활동들이 의미가 있다. 목표를 사전에 설정해야 그 목표를 달성하기 위해 조직을 만들고 지휘할 수 있기 때문이다. 목표가 없으면 기업을 제대로 관리할 수 없다.

기업의 목표는 구체적이어야 한다. '내년도에 이익을 달성하자', '5년 후에 새로운 사업에 진출하자'라는 식의 목표는 회사를 이끌어주지 못한다. '내년에는 매출 10억 원을 달성한다' 또는 '내년에는 수익이 10퍼센트 증가한다'는 식으로 구체적으로 설정되어야 한다. '5년 후에 태양광 사업에 진출한다'라는 식으로 그 대상이 구체적으로 규정되어야 한다. 그래야 조직을 운영할 수 있고, 조직원들에게 구체적으로 어떤 일을 어떻게 하라고 지휘할 수 있다.

경영학자들은 이런 것들이 얼마나 회사의 이익에 영향을 주는지를 직접 조사한다. 목표가 있는 기업과 없는 기업들을 조사해서 이들 사이에 수익의 차이가 발생하는지를 검증한다. 그리고 목표가 있다 하더라도 '이익 증가, 매출 증가' 식으로 막연하게 목표를 정한 기업과 '이익 10퍼센트 증가, 매출 20퍼센트 증가' 등으로 목표를 구체적으로 정한 기업 간의 성과를 비교한다. 한두 개 회사만을 대상으로 이런 조사를 하는 게 아니다. 과학적으로 검증되었다고 인정받으려면 최소한 몇십 개 이상의 회사를 조사해야 한다. 그래서 몇십 개, 몇백 개의 기업들을 조사해서 목표가 있는 회사와 없는 회사, 목표가 구체적인 회사와 구체적이지 않은 회사 사이의 매출 차이 및 수익 차이 등을 비교한다.

이러한 연구 조사를 거쳐 목표가 있는 회사가 그렇지 않은 회사보다 실적이 좋다는 사실을 밝혀냈다. 목표를 설정한 기업 중에서도 그 목표가 더 구체적으로 명시된 기업의 실적이 더 좋다는 사실도 알아냈다. 그래서 지금은 모든 회사에서 성과지표를 설정할 때 계량화된

지표를 사용하는 것이 원칙이다. 회사 전체적으로뿐만 아니라 각 직원에게도 성과 목표를 부과한다. 그 성과 목표는 '잘하기', '열심히 하기'와 같이 막연한 것이 아니라 '매출 2억 달성하기', '수익 2억 달성하기'와 같이 구체적으로 제시된다. 그렇게 목표가 구체적으로 제시되어야 직원들이 더 열심히 일해 성과가 증가하며, 또 회사 전체적으로도 실적이 좋아지기 때문이다.

실패해도 계속 시도해야 한다는 것도 마찬가지다. 경영학자들은 기업들의 생존율이 얼마나 되는지, 그리고 기업이 새로 출시한 신제품 중에서 어떤 제품들이 살아남는지를 계속 조사했다. 그 결과 세계적인 대기업이라고 할지라도 기업의 평균 연령은 30년 정도밖에 되지 않는다는 사실을 밝혀냈다. 기업은 계속 실패하고 사라진다. 그러나 그런 실패에도 또 다른 기업들이 계속 생겨난다. 계속 실패하지만 또 한편으로는 다시 시도하는 것이다. 이렇게 줄곧 기업들의 실패가 이어져도 계속 시도하는 기업들이 있어 상품과 서비스가 좋아지고 전체 시장이 계속 발전한다.

한 기업 안에서도 성공과 실패가 일률적으로 나타나는 것은 아니다. 아무리 유명한 대기업이더라도 새로 출시하는 대다수 제품은 실패한다. 신제품이 성공하는 비율은 평균적으로 10퍼센트가 되지 않는다. 이렇게 10퍼센트도 되지 않는 성공률에도 기업들은 계속 신제품을 만든다. 아니, 만들어야 한다. 신제품 성공률이 10퍼센트도 되지 않으므로 최소한 10개 이상의 신제품을 만들어야 한다. 그중에서 1개만 성공하고 나머지 9개는 실패한다. 그렇지만 그 신제품 하나의 성공이 회사를 먹여 살리고 성공으로 이끈다. 경영학자들은 기업과 신제품의 이런 사이클을 밝혀내어 기업에 비록 실패하더라도 계속 신제품 개발을 시도하라고 제시한다.

경영학자들은 기업을 대상으로 연구한다. 경영학자의 주 소비자는 기업이다. 그래서 기업이 성공하기 위해서는 어떻게 해야 하는가를 계속 조사하고 이론을 검증한다. 경영학자들은 일반 개인이 어떻게 해야 성공하는지는 직접 이야기하지 않는다.

하지만 되돌아보자. 기업이 성공하는 방법과 개인이 성공하는 방법이 뭐가 다른 걸까? 기업은 사회에서 소비자들이 요구하는 상품이나 서비스를 제공해야 성공할 수 있다. 개인도 마찬가지다. 사회에서 다른 사람들이 요구하는 상품이나 서비스를 제공하는 사람이 성공한다. 흔히 의사나 변호사가 좋은 직업이라고 말한다. 의사는 환자들이 찾는 사람이고, 변호사는 법적 분쟁에 휩싸인 사람들이 찾는 사람이다. 연예인도 인기가 많다. 연예인은 재미를 주기 때문에 사람들이 찾는다. 이렇게 다른 사람들이 많이 찾는 직업이 사회적으로 필요한 직업이다. 그리고 이런 직업을 가진 사람이 사회에서 인정을 받는다.

기업과 개인은 그 본질에서 크게 다르지 않다. 단지 개인은 한 명이지만, 기업은 여러 명의 개인이 모인 집합체라는 차이가 있을 뿐이다. 그래서 기업의 성공 법칙과 개인의 성공 법칙 사이에는 큰 차이가 없다. 기업의 성공 법칙이 바로 개인의 성공 법칙이다. 경영학에서 이야기하는 '기업이 성공하는 방법'은 '개인이 성공하는 방법'이기도 하다.

자기계발서의 내용이 그저 격언에 불과하다고 생각하는가? 하늘에서 뚝 떨어진 말이라고 생각하는가? 그렇지 않다. 자기계발서가 강조하는 대부분 말들은 경영학에서 이미 검증된 기업의 성공 법칙이다. 실제 많은 기업이 현장에서 사용하는 방법이다. 자기계발서는 경영학에서 말하는 기업의 성공 법칙을 개인에게 적용하는 것일 뿐이다. 경영학 전문 서적에서는 그런 주장의 근거를 제시하고 증거를 소개한다. 하지만 자기계발서는 일반인을 대상으로 하는 서적이기에 그런 과학적인 증거들을 제시하지 않고 주장들만 소개할 뿐이다. 그러나 그 주된 사항은 충분히 경영학에서 인정된 내용이다.

자기계발서에서 말하는 개인의 성공 법칙이 경영학에서 말하는 기업의 성공 법칙과 유사하다는 말이 이상하게 들리는가? 자기계발서의 내용을 경영학 수준으로 끌어올리려고 하는 이런 말들이 자기계발서 작가가 자기 책의 가치를 높이기 위해 하는 말로 들리는가? 하지만 나는 자기계발서 작가이기 이전에 경영학 박사다. 경영학 박사 시각으로 보았을 때, 자기계발서의 성공 법칙은 경영학에서 제시하는 기업의 성공 법칙과 같다. 자기계발서는 경영학의 주요 내용을 요약한 책이다.

자기계발서는 심리학이다!

자기계발서는 경영학뿐만 아니라 심리학의 이론들도 포함하고 있다. 심리학에서 그동안 밝혀진 행복해지는 법, 마음을 평안하게 하는 법, 좀 더 높은 성과를 올리는 마음가짐 등이 자기계발서에도 쓰여 있다. 즉 자기계발서에서 하는 이야기들은 심리학적 기반을 가진 이야기들이다. 우선 자기계발서는 자기 자신을 변화시켜서 꿈을 달성하라고 이야기한다. 자신이 원하는 결과를 얻을 수 있음을 강조하고, 또 그 방법을 말하고 있다. 그런데 책에서 다뤄지는 결과는 주로 돈을 많이 버는 것, 부자가 되는 것, 아니면 사회적으로 출세하는 것 등이다. 그래서 혹자는 말한다.

"정말로 사람들에게 중요한 것은 행복이다. 사람들은 보다 행복해지기 위해서 노력해야 한다. 그런데 자기계발서는 행복을 이야기하는 것이 아니라 물질적 부, 사회적 성공 등 세속적인 것을 이야기한다. 그러나 이 물질적 부는 궁극적인 성공이 아니다. 부자가 된다고 해서 행복한 것은 아니다. 사회적 성공이 행복을 가져다주는 것도 아니다. 자기계발서는 단지 세속적인 성공, 단기적인 성공만 이야기하고 있다."

돈을 벌어 부자가 되고, 자신이 원하는 사회적 성공을 이루는 것이 행복으로 이어지는 길이 아니라고 한다. 그러면 어떤 길이 자신을 행복으로 이끄는 걸까? 보다 행복해지기 위해서는 도대체 어떻게 해야 하는 걸까?

미국에서 이루어진 유명한 인간 연구가 있다. 1930년대 말 하버드 대학교의 2학년생 268명을 선정해 이들의 삶을 2000년대까지 계속 추적했다. 몇 년 간격으로 이들을 찾아 인터뷰를 계속 진행하면서 그 당시 자신이 어떻게 살고 있나, 건강은 어떠한가, 친구 관계는 어떠한가 등을 조사했다. 금전적인 상태는 어떻고, 직업은 무엇이고, 어떤 일을 하고 있는지 등을 몇십 년이 넘게 계속 추적했다. 이들 중에는 사회적으로 성공한 사람도 있고, 중간에 이혼한 사람도 있고, 결혼하지 않은 사람도 있고, 건강이 좋지 않은 사람들도 있다. 몇십 명이 아닌 300명 가까운 사람들의 평생을 추적한 연구다. 인간들의 다양한 삶에 대한 가장 총체적인 연구라고 할 수 있다.

이 연구에는 조사 대상자들에게 '지금 행복한가?'라고 묻는 항목도 포함되어 있었다. 어떤 상태에서 사람들이 행복한지, 행복하기 위해서는 어떤 조건이 필요한지를 파악하기 위한 항목이었다. 이들이 나이가 들어 노인이 되었다. 이제 삶의 굴곡을 거의 다 거치고 인생을 마무리하고 있는 노인들을 대상으로 행복도 조사를 했다. 그렇다면 이렇게 평생의 삶을 다 경험한 노인들의 행복에 영향을 주는 요소는 무엇이었을까? 어떤 삶을 경험한 사람이 가장 행복했을까?

건강한 사람? 결혼한 사람? 결혼하지 않은 사람? 자식이 있는 사람? 자식이 없는 사람? 결혼 생활을 끝까지 유지한 사람? 이혼한 사람? 모두 답이 아니다. 이런 요소들은 행복에 그다지 큰 영향을 미치지 않았다. 심지어 몸이 아팠던 사람도 당시에는 심히 불행해했지만 시간이 지난 나중에는 다 극복했다. 이혼한 사람 역시 이혼 당시에는 마음에 깊은 상처를 입었으나 인간의 삶 전체를 놓고 볼 때는 그렇게 큰 상처가 아니었다. 이혼의 아픔을 극복하고 그다음에 만족스러운 삶을 살아가는 것이 얼마든지 가능했던 것이다.

예상외로 사람들의 행복에 가장 큰 영향을 미친 것은 '성공했다는 자신의 자각'이었다. 자신이 원하는 것을 이루었다는 성취감이었다. 자신이 원했던 것, 목표로 했던 것을 달성했을 때 사람들은 제일 행복해진다는 것이다. 사람들은 보통 세속적인 성공을 이루는 것이 행복과는 큰 관련성이 없다고 생각한다. 하지만 실제로 가장 행복감을 크게 느낀 사람들은 세속적인 성공을 이룬 사람들이다. 자신이 원했던 것을 계속 추구해서 얻은 사람들이 노인이 돼서도 행복해한다.

실질적으로 사람의 행복에 가장 큰 영향을 미치는 요소는 자신의 삶에 대한 통제력이다. 자신의 삶을 마음먹은 대로 꾸려나간다고 생각하면 행복감을 느낀다. 하지만 삶이 자신의 통제를 벗어나 주변 사람들이나 환경에 끌려다닌다고 생각하면 행복감이 떨어진다. 즉 자신이 주도적인 삶을 살 때 행복감이 높아진다.

자신이 원했던 것을 얻은 사람들은 자신이 추구하는 목표를 설정하고, 그 목표를 달성하기 위해 노력하고, 결국 그 목적을 달성한 사람들이다. 이 사람들은 자신이 다른 목표를 설정했다면 그 다른 목표도 달성했으리라고 생각한다. 자신이 무엇을 원하는가의 문제일 뿐, 무엇이든 노력하면 원하는 것을 이룰 수 있다고 생각한다. 이렇듯 자신의 삶을 원하는 대로 이끌어갈 수 있다는 자신감이 궁극적으로 그 사람의 인생을 행복으로 이끈다.

그런데 자기계발서의 주장이 바로 이것이다. 자신이 원하는 것을 목표로 설정하고, 그 목표를 달성하기 위해서 노력하라는 것, 그래서 결국 자신이 원하는 것을 얻으라고 말한다. 보통 사람들이 원하는 것은 대부분 부자가 되는 것, 사회적으로 성공하는 것이다. 그럼에도 부자가 되는 것이나 사회적으로 성공하는 것이 행복과 관련이 없을까? 그렇지 않다. 부자나 사회적 성공을 목표로 삼고 노력하여 달성했을 때 인간은 가장 행복해진다. 보다 행복해지려고 정신적으로 끝없이 노력하는 것보다, 직접 세속적인 성공을 이루는 것이 더 행복해지는 방법이다. 자기계발서는 궁극적으로 사람이 가장 행복해질 수 있는 방법을 제시하고 있는 셈이다. 자기계발서가 말하는 대로 해서 원하는 것을 얻으면 무엇보다 자기 삶에 자신감이 생긴다. 자신이 원하고 노력하면 무엇이든 할 수 있다고 생각한다. 그리고 바로 그러한 생각 자체가 인생의 행복에서 가장 중요하다. 자기계발서는 인생에서 가장 큰 행복을 얻는 방법을 이야기하는 심리학 교재다.

목표 설정과 관련된 사항뿐만 아니라 긍정적으로 생각하라는 것도, 실패해도 계속 시도하라는 것도 심리학에서 말하는 행복의 근원이다. 인간의 뇌는 사진기가 아니다. 사진기는 있는 그대로를 찍는다. 현실을 있는 그대로 가감 없이 보여준다. 방 안을 찍었는데 자기 마음에 드는 것은 찍히고 마음에 들지 않는 것은 찍히지 않는 일은 벌어지지 않는다. 그런데 사람의 마음은 사진기가 아니다. 강력한 필터가 작용해서 자신이 원하는 정보, 자신이 찾는 정보를 주로 받아들인다. 사람의 인지(認知)는 있는 그대로 받아들이는 것이 아니라 자신의 마음이라는 필터를 거쳐서 선별적으로 받아들인다는 것, 그것이 바로 현대 심리학이 밝혀낸 주요 성과 중 하나다.

긍정적으로 생각하는 게 중요한 이유는 바로 그 때문이다. 가장 좋은 것은 있는 그대로 보는 것이다. 그런데 인간의 뇌, 인간의 지각은 있는 그대로 보는 것이 불가능하다. 자신의 마음이라는 필터를 거쳐서 정보가 들어온다. 그런데 이때 부정적인 생각을 하고 있으면 부정적인 것과 관련된 정보가 들어온다. 긍정적인 생각을 하고 있으면 긍정적인 것과 관련된 정보가 들어온다. '사업의 성공'을 의식하고 있으면 인터넷 검색을 할 때도 누가 어떻게 해서 잘되었다는 정보가 눈에 잘 띈다. 하지만 '나는 부자가 되기 어려워'라고 생각한다면 왜 지금 사회에서 부자가 되기 어려운지, 다른 사람들이 얼마나 어렵게 살고 있는지, 현재 사회가 얼마나 왜곡되어 있는지에 대한 정보가 가득 눈에 띌 것이다. 그래서 심리학은 긍정적인 생각이 인간을 행복하게 한다고 말한다. 항상 긍정적으로 생각하는 것은 심리학에서 제시하는 행복의 길이다.

또 심리학에는 '회복탄력성'이라는 개념이 있다. 똑같은 불행을 겪어도 어떤 사람들은 그 불행을 이겨내고, 어떤 사람들은 그 불행 속에서 벗어나지 못한다. 불행 속에서 벗어나는 힘이 회복탄력성이다. 회복탄력성이 높은 사람은 비록 현재 어려움 속에 있다고 해도 그 어려움을 툭툭 털고 새로 시작한다. 그런데 회복탄력성이 낮은 사람은 현재의 불행을 계속 간직한다. 어떤 사람이 더 행복한 삶을 살까? 당연히 회복탄력성이 높은 사람이 더 행복해진다. 회복탄력성이 높은 사람은 불행에서 빨리 벗어나 다시 행복을 추구한다.

자기계발서는 실패해도 계속 시도하라고 한다. 이것이 심리학에서 말하는 회복탄력성이다. 실패에서 빨리 벗어나 이전의 실패를 지우고 새로 시작할 때, 불행에서 벗어나 행복해질 수 있다. 실패했을 때 그 실패 속에서 계속 허우적거리면 회복탄력성이 낮은 것이다.

결국 목표를 설정하고 계속 추구하라는 것, 긍정적으로 생각하라는 것, 실패해도 계속 시도하라는 것 등 자기계발서의 주 내용은 심리학에서 말하는 행복해지는 방법과 같다. 자기계발서는 심리학 이론을 바탕으로 쓰인 것이다. 믿고 따라도 된다.

목표를 설정하면 나아진다

기업 경영에서 목표를 어떻게 설정하느냐는 기업의 향후 방향에 엄청난 영향을 미친다. 이익 극대화를 목표로 하는가, 아니면 시장 점유율을 목표로 하는가, 수익을 많이 내는 것을 목표로 하는가, 상품 브랜드 만드는 것을 목표로 하는가에 따라 기업의 모습이 완전히 달라진다. 무엇을 목표로 하는가에 따라 전략도 달라지고, 운영 방법도 달라진다. 이때 목표를 잘못 설정하면 기업은 어려움에 빠진다. 그런데 기업의 목표 설정 전략 중에서 최악의 전략은 목표를 설정하지 않는 것이다.

잘못된 목표를 설정하는 것보다 훨씬 나쁜 게 목표가 없는 것이다. 잘못된 목표를 설정하면 회사가 시행착오를 거치면서 어려움을 겪겠지만, 그래도 나중에 회복할 가능성이 있다. 하지만 회사에 목표가 없으면 무엇을 어떻게 해볼 수조차 없다. 이런 회사는 우왕좌왕하다가 그대로 침몰한다. 회사에 목표가 없는 것은 나쁜 목표를 세운 것보다 회사의 실적과 생존에 훨씬 더 큰 악영향을 미친다.

목표가 없는 회사는 나쁜 회사다. 하지만 이 이야기를 인간에게 똑같이 대입하기는 어렵다. 목표가 없는 인간이라고 해서 나쁘다고는 말할 수 없다. 삶의 목적이나 목표가 없더라도 하루하루 살아가는 데는 지장이 없다. 오래도록 살 수도 있고, 행복하게 살아갈 수도 있다. 인간은 목표가 없다고 해서 큰 문제가 되지 않는다. 살아가는 것 그 자체가 삶의 목표일 수도 있지 않은가?

그러나 삶에서 추구하는 목적이나 목표가 있으면 인간은 좀 더 나은 성취를 얻을 수 있다. 자신이 원하는 것을 얻을 수 있고, 바라는 것을 이룰 힘이 생긴다. 삶의 목표가 없다고 해서 큰 문제가 되는 건 아니다. 하지만 삶에 목표가 있다면 목표가 없을 때보다 성취할 수 있는 것이 더 많아진다. 인간이 행복하기 위해서는 성취감이 중요하다고 했다. 목표가 있으면 더 많이 성취할 수 있고, 결국 더 행복해질 수 있다. 목표가 있으면 목표가 없는 경우보다 분명히 더 나은 성취감을 느낄 수 있다.

인간이 살아가는 것을 배의 항해에 비유한다면, 목표를 설정하는 것은 배의 방향을 설정하는 것과 같다. 태평양을 10년 동안 항해한다고 생각해보자. 목적지 없이 태평양을 10년 동안 항해한다면 마음 가는 대로, 바람 가는 대로, 태풍이 오면 태풍이 없는 곳으로, 무지개가

뜨면 무지개가 있는 곳으로 항해해 나갈 수 있을 것이다. 10년 동안 태평양을 유유자적 돌아다닐 수 있다. 그렇게 10년이 지나면 10년 동안 태평양을 이곳저곳 돌아다녔다고 말할 수 있을 것이다.

그런데 만약 이 10년 동안 그때그때 목적지를 정하고 항해를 했다면 어땠을까? 처음에 부산항을 목적지로 정했다면 태평양의 어디에 있었든 간에 6개월 안에는 부산에 올 수 있을 것이다. 그다음에 도쿄, 필리핀, 호주, 미국, 페루, 칠레, 뉴질랜드, 하와이 등 각 나라의 항구를 목적지로 정해 항해했다면 10년 동안 태평양 주변국 모든 나라의 주요 도시들을 다 방문할 수 있을 것이다.

목표를 가지든 그러지 않든, 똑같이 10년 동안 태평양을 항해한다. 그런데 목표 없이 마음 가는 대로 항해하면 막상 도착하는 항구가 많지 않다. 그리고 설사 도착한다고 하더라도 무인도나 한적한 시골 동네에나 다다르지 세계에서 이름난 항구 도시에 도착하기는 어려울 것이다. 목표를 가지고 항해했다면 10년 동안 태평양 주변의 모든 도시를 다 방문할 수 있다. 항해가 끝난 후 다른 사람에게 태평양 주변의 모든 나라와 도시들에 대해서도 말할 수 있다. 목표를 가지고 항해하는 경우와 그렇지 않은 경우에는 이처럼 질적인 차이가 있다. 목표를 가지고 항해했을 때 비로소 무언가를 해냈다는 성취감을 느낄 수 있다.

목표 없이 항해해도 성취감을 얻을 수 있지 않을까? 목표 없이 돌아다니다가 우연히 큰 보물을 발견할 수도 있는 게 아닐까? 물론 목표 없이 항해하다가 환상적인 섬을 발견할 수도 있다. 알려진 도시들만 찾아다닐 때는 발견할 수 없는 환상의 무인도를 발견할 수도 있다. 하지만 우연히 발견한 섬에서 얻을 수 있는 성취감에는 한계가 있다.

대륙을 돌아다닌다고 하자. 목표 없이 돌아다닌다고 하더라도 평야와 들판, 숲을 만날 수 있다. 강과 늪, 냇물과 바다를 만날 수 있다. 그러나 절대로 히말라야 산은 오를 수 없다. 5000미터, 6000미터 이상의 높은 산을 우연히 오를 수는 없기 때문이다.

5000미터 이상의 산을 오르기 위해서는 미리 그 산을 오르고자 하는 목표를 세우고, 그 목표를 달성하기 위한 준비를 해야 한다. 먹을 것을 준비하고, 체력을 단련하고, 지리를 익히고, 추위를 견딜 수 있는 옷과 장갑, 신발 등을 준비해야 한다. 그런 다음에야 히말라야 산을 오를 수 있다. 히말라야 산을 오르겠다는 목표를 세우고 준비한 사람만 히말라야에 오를 수 있다. 히말라야 정복이라는 목표를 정하지 않은 사람은 절대 히말라야에 오르지 못한다. 목표를 정하지 않은 상태에서 우연히 히말라야를 발견하고 오르기 시작한다면 그 사람을 기다리는 것은 죽음뿐이다. 절대 히말라야를 제대로 오르지 못한다.

목표가 있는 사람과 없는 사람의 차이는 바로 이 점이다. 목표가 없는 사람은 성과를 내도 절대 일정 수준 이상의 성과를 낼 순 없다. 산을 오른다고 가정했을 때, 목표 없이 우연히 산에 오르는 사람은 2000미터 이내의 산에만 오를 수 있다. 그 이상의 산은 오르지 못한다. 하지만 목표가 있는 사람은 8000미터 산도 오를 수 있다. 목표 없이 그저 돌아다니다가 산을 만나서 오르는 사람도 충분히 산을 경험할 수 있다. 산행과 관련된 다양한 경험을 할 수 있고, 도중에 만나는 사람들과 많은 이야기를 주고받으며 정보를 얻을 수 있다. 하지만 아무리 다양한 경험을 한다고 하더라도 높은 산에 오를 수는 없다. 즉 목표 없이 산을 오르는 사람이 성취할 수 있는 단계에는 한계가 있다.

사실 2000미터 이내의 산만 오르는 사람과 히말라야 산을 경험하고자 이제 막 준비하려는 사람 간에는 큰 차이가 없다. 산을 타는 기술, 산에 대한 경험, 산에 대한 지식, 체력 측면에서 큰 차이는 없다. 그러나 2000미터를 넘는 산을 타본 적이 없는 사람과 히말라야 산을 실제로 경험한 사람 간에는 엄청난 차이가 있다. 산을 보는 시각도 다르고, 경험의 질도 다르다. 주변의 인정도 완전히 달라진다. 이 사람들 간의 본질적인 차이는 무엇일까? 별다른 차이가 아니다. 히말라야를 목표로 한 사람인가, 아닌가의 문제다.

목표 설정 여부에 따라 성취할 수 있는 정도도 크게 달라진다. 목표를 설정하지 않으면 성취할 수 있는 수준과 정도에 한계가 있다. 목표가 없더라도 자잘한 성공은 충분히 할 수 있다. 하지만 큰 성공은 하지 못한다. 목표가 없더라도 일상적인 경험을 하는 데는 무리가 없다. 그러나 다른 사람의 경험을 뛰어넘는 수준의 경험은 하기 어렵다. 목표를 설정했을 때에라야 히말라야 같은 높은 산에 오를 수 있듯이 목표를 설정했을 때에라야 수준 높은 경험과 성취를 이룰 수 있다. 나아가 더 큰 행복을 느낄 수 있다.

벤츠를 타려면 목표를 설정해야 할까, 그러지 않아도 될까? 벤츠를 타는 일이 사회에서 일상적인 일이라면 특별히 그것을 목표로 설정하지 않아도 살 수 있을 것이다. 하지만 벤츠를 타는 게 이 사회에서 일상적이지 않은 일이라면 그것을 목표로 하지 않는 이상 우연히 벤츠를 타기는 어려울 것이다. 또한 벤츠를 타겠다는 목표뿐만 아니라 그에 상응하는 경제적 여유를 얻겠다는 목표도 함께 있어야 한다.

벤츠나 경제적 부를 목표로 하지 않더라도, 무언가 목표를 설정하면 특별한 성취를 할 가능성이 높아진다. 일상생활에서 경험하기 어려운 특별한 경험을 할 기회가 증가한다. 살아가는 데 목표를 설정하는 일은 그 자체로 충분한 의미가 있다. 삶의 목표를 설정하면 분명 좀 더 나은 경험의 기반이 된다.

목표를 구체화하면 분명히 나아진다

　목표를 설정하면 목표를 설정하지 않았을 때보다 나아진다. 삶의 방향이 정해지고 무언가를 성취할 수 있다. 좀 더 질 높은 경험을 할 수 있고, 좀 더 많은 기회를 잡을 수 있다. 그런데 목표 설정으로 이런 일들이 벌어지기 위해서는 추가로 필요한 게 있다. 목표 설정이 구체적이어야 한다는 점이다. 단순히 목표를 설정한다고 해서 변화가 나타나지는 않는다. 목표가 구체적이어야 한다. 구체적이지 않으면 목표 설정으로 일어나는 변화는 거의 생기지 않을 것이다. 설사 생긴다 하더라도 목표를 구체적으로 설정한 경우에 비해서 훨씬 늦게 이루어질 것이다. 목표 설정은 구체적으로 해야 한다. 구체적일수록 더 좋다. 그래야만 효과가 있다.
　추상적인 목표 설정은 큰 의미가 없다. 추상적인 목표는 이런 것이다.

좋은 사람이 될 것이다, 착한 사람이 될 것이다, 인기 있는 사람이 될 것이다, 여행을 많이 다닐 것이다, 부자가 될 것이다, 훌륭한 사람이 될 것이다, 좋은 부모가 될 것이다…….

미안하지만 이런 목표는 목표로서 별 의미가 없다. 목표를 설정한다고 해서 달라지는 것도 별로 없을 것이다.

목표 설정이 사람을 변화시키는 이유는 목표를 설정할 때 삶의 방향이 정해지기 때문이다. 삶의 방향이 정해진다는 것은 '어떻게 해야 한다'는 행동이 구체적으로 정해진다는 뜻이다. 항해하는 배를 생각해보자. 항해하는 배가 방향을 정한다는 것은 배가 어디로 향할지를 정한다는 뜻이다. 태평양 한가운데에서 목표지를 부산으로 정한다면 배를 서쪽으로 향하게 할 것이다. 로스앤젤레스를 목표지로 한다면 배를 동쪽으로 향하게 할 것이다. 방향을 설정하면 그에 따라 어떻게 행동해야 할지가 결정된다. 배가 향해야 할 방향을 결정하면 그에 맞춰 키를 조정하고 엔진을 가동한다.

그런데 항해할 때 '배를 잘 운행하겠다', '안전한 항해를 하겠다', '재미있는 항해를 하겠다'라는 식으로 목표를 설정하면 어떻게 될까? 목표를 설정하긴 했다. 하지만 이런 목표를 설정했을 때 선장과 선원들의 행동에 어떤 변화가 있을 수 있을까? 마음가짐을 새로이 하고 결심을 다지고 지난 시절을 반성하는 식의 심적 변화는 있을 수 있다. 그러나 지금 당장 해야 할 행동은 없다. 배는 그때까지 가던 대로 그대로 가고 있을 것이다.

항해하는 배에 변화가 일어나려면 목표 설정이 구체적이어야 한다. '배를 잘 운행하겠다'고 선장과 선원이 아무리 결심해도 배는 변화 없이 그대로 항해해 나간다. 하지만 '부산항으로 운행하겠다'고 목표를 세우면 선장과 선원은 배가 부산을 향하게끔 조정한다. 배는 그동안의 항로에서 벗어나 부산을 향한다. 그러면 배는 부산에 점점 더 가까워지고 결국 부산에 도착할 수 있다. 변화가 이루어지기 위해서는 목표가 배의 방향을 바꾸어야 한다. 그리고 배의 방향을 바꾸기 위해서는 목표 설정이 구체적이어야 한다. '부산으로 가자', '로스엔젤레스로 가자'라는 식으로 목표를 설정해야 배의 방향이 바뀔 수 있지, '배를 잘 운행하자'라는 목표를 세워봤자 배는 지금껏 가던 대로 간다.

사실 목표뿐만 아니라 무엇이든 구체화하는 것은 성과를 증진하는 주된 방법이다. 무엇인가를 구체화하는 방법으로 가장 일반적인 것은 수량화, 계량화하는 것이다. 계량화를 하면 성과가 높아질 수 있다.

서양은 16세기 이전까지만 해도 동양보다 문명 수준이 뒤떨어져 있었다. 그러나 서양 문명은 17세기 이후부터 급속히 발전한다. 그래서 결국 19세기에는 동양의 거의 모든 국가가 서양 국가의 식민지가 되었다. 이렇게 서양 문명이 동양 문명보다 월등하게 발전한 원인은 무엇일까? 일반적으로는 서양 주도적인 지리적 발견, 과학 문명의 발전 등을 든다. 맞는 말이다. 동양은 근해 주변에서 고기를 잡을 때 서양은 큰 배를 타고 항해하면서 아메리카를 발견하고 동양 국가에 도달했다. 그리고 동양에서는 창, 칼, 화살을 사용할 때 서양은 대포를 만들어서 포탄을 쏘아댔다. 동양의 배는 세계 일주를 할 수 있는 서양 배에 상대가 안 되었고, 칼과 화살은 포탄의 적수가 되지 못했다.

그런데 서양은 어떻게 갑자기 세계 일주를 할 수 있는 능력을 갖춘 것일까? 갑자기 성능 좋은 대포를 만들 수 있게 된 이유는 무엇일까? 사실 서양에는 과학 혁명이 발생하기 전에 이루어진 혁명이 하나 더 있다. '수량화 혁명'이 그것이다. 16세기에 서양 국가들 사이에서는 수량화 혁명이 일어났다.

서양의 수량화 혁명은 그전까지 언어로 대강 측정하던 것을 계량적으로 측정하는 방식으로 바꾼 문화적 변화를 말한다. 그 이전까지는 항해사들도 '해가 머리 위에 높이 떠 있다'는 식으로 이야기했다. 그런데 수량화 혁명이 이루어지면서 '해가 수평면에서 87도 높이로 떠 있다'는 식으로 표현하기 시작한다. '대포알이 무겁다'라는 식으로 이야기했었는데, 이때부터 '대포알의 무게가 6킬로그램이다'라는 식으로 표현하기 시작했다.

수량화 혁명은 모든 것을 점점 더 세밀히 수치화한다. '해가 수평면에서 87.235도 높이에 있다'라는 식으로 진화되고, '대포알의 무게가 6.453킬로그램이다'라는 식으로 세밀화된다. 이렇게 수량화, 계량화가 진행되면서 어떤 변화가 생겼을까? 해의 위치, 별의 위치를 세밀히 측정할 수 있게 되자 현재 바다에서 배가 어디에 있는지를 정확히 파악할 수 있게 되었다. 섬과 대륙의 정확한 모습도 알 수 있었다. 이렇게 대륙과 해안선의 모습, 배의 위치를 정확히 파악할 수 있게 되면서 먼

바다도 항해할 수 있었다. 지구 표면에서 1도 차이는 약 110킬로미터의 차이다. 이 정도로 차이가 나면 원양 항해에서 원하는 항구에 도달할 수 없다. 그러나 서양은 완전한 수량화가 이루어지면서 아무리 멀더라도 원하는 항구에 도착할 수 있는 능력이 생겼다.

대포도 마찬가지다. 16세기에 중국과 한국에도 대포가 있었다. 하지만 대포는 목표 대상에 명중하지 못했다. 대포는 위협용이지, 실제 대포알을 목표물에 날려 파괴하는 역할이 아니었다. 먼 거리에서 대포알이 날아갈 때 1도만 차이 나도 몇십 미터는 벗어난다. 몇십 미터 이상 차이 나면 원하는 목표물을 맞힐 수 없다. 그런데 서양은 대포알의 무게와 화약의 폭발력을 엄밀히 측정하면서 원하는 목표물에 대포알을 떨어뜨리는 능력을 갖추었다. 그 결과는 동양과 서양 군대의 전투에서 서양 군대의 완벽한 승리로 나타났다. 위협용으로 아무 데나 쏘아대는 동양의 대포는 주요 전략 지점을 정확히 타격하는 서양의 대포를 상대할 수 없었다. 서양이 동양을 식민지화할 수 있었던 원양 항해 능력과 대포의 성능은 이렇듯 수량화의 결과다.

수량화, 계량화는 모든 부문에서 전체적인 능력을 향상시킨다. 그래서 목표 설정도 수량화, 계량화로 표시하는 것이 필요하다. '부자가 되겠다'는 목표로는 원하는 변화를 이끌어내기 힘들다. '10억 원을 만들겠다'는 식의 목표가 필요하다. '영어 실력을 늘리겠다'는 식의 목표로는 영어 실력이 오르기 어렵다. '토익에서 900점 이상 받겠다'라는 의 목표 설정이 영어 실력에 더 기여한다. 물론 토익에서 높은 점수를 받는다고 해서 영어 회화 실력이 나아지는 것은 아니다. 하지만 그저 영어 회화 실력을 늘리자는 식으로 목표를 세워서는 실력이 향상되기 어렵다. 차라리 '토익에서 리스닝 점수를 몇 점 이상 받자', '영어 회화 학원을 1년 동안 꾸준히 다니자'라는 식의 목표가 영어 회화 능력 향상에 더 도움이 된다. '여행을 많이 다니자'라는 목표는 큰 도움이 안 된다. '1년에 2번 외국 여행을 가자, 10년 동안 50개국을 가보자'라는 식의 목표가 실제 행동을 변화시키기 쉽다. 여기에서의 요점은 어떤 것이든 수량화, 계량화해서 수치로 표시하는 것이다. 이런 식으로 목표를 설정할 때 좀 더 행동을 변화시키기가 쉽다.

목표에 따라 계량화가 어려운 부분도 있다. 계량화하기 어려운 것은 시각화하는 것이 구체적으로 목표를 설정하는 방법이다. '좋은 차를 사자'라는 목표는 계량화하기 어렵다. 이때는 자신이 원하는 차의 사진을 구하면 구체화된다. 자신이 원하는 집의 모양, 직업, 삶의 방법 같은 것은 사진으로 찍거나 그림을 그리는 것이 '좋은 집에서 살고 싶다'고 목표 설정을 하는 것보다 효과적이다.

목표는 구체적일 때 실제 행동과 결과에 영향을 미치기 쉽다. 목표는 계량화하거나 영상화해야 한다. 그럴 때 목표가 행동을 변화시키고, 나아가 삶을 변화시키는 힘을 키울 수 있다.

긍정의 생각이 긍정의 결과를 부른다

자기계발서에 빠지지 않고 등장하는 말 중 하나는 '긍정적으로 생각하라'이다. 긍정적인 생각을 하면 긍정적인 결과를 얻을 수 있다. 어떤 일이든 할 수 있다고 생각하고, 하면 된다고 생각하라. 그러면 실제로 그 일을 할 수 있다고 자기계발서는 말한다.

생각해보면 참 당연한 말이다. 너무나 당연한 말을 굳이 책에서 이야기하고 있다. 그런데 막상 사람들을 보면, 이 당연한 말을 실천하는 사람들이 거의 없다. 긍정적으로 생각하는 사람들이 별로 없다. 어떤 일을 '할 수 있다'라고 생각하고, '하면 된다'라고 생각하는 사람이 드물다. 그래서 긍정적인 생각을 해야 한다는 말이 너무나도 당연하고 또 식상한 말이라는 것을 알지만, 나도 이렇게 말할 수밖에 없다.

"긍정적으로 생각하면 긍정적인 결과를 얻을 수 있다."

아니, 이보다 더 정확한 말은 다음과 같다.

"부정적으로 생각하는 사람은 절대 긍정적인 결과를 얻을 수 없다. 긍정적인 사람만이 긍정적인 결과를 얻을 수 있다."

사실 긍정적인 사람 모두가 긍정적인 결과를 얻는다고는 할 수 없다. 하지만 분명한 것은 부정적으로 생각하는 사람은 절대 긍정적인 결과를 얻을 수 없다. 긍정적으로 생각하는 사람 중에는 긍정적인 결과를 얻는 사람도 있지만 긍정적인 결과를 얻지 못하는 사람도 있다. 하지만 부정적으로 생각하는 사람은 절대 긍정적인 결과를 성취할 수 없다. 좋은 결과를 얻기 위해서는 먼저 긍정적으로 생각해야 한다. '할 수 있다'고 생각하고, '하면 된다'라고 생각해야 한다.

나는 지금 대학에서 교수로 일하고 있다. 요즘 대학은 취업률이 중요하다. 그래서 학생들의 취업 지도가 상당히 중요한 업무 중 하나다. 그런데 학생들에게 취업 지도를 할 때 취업이 가장 어려운 학생들은 어떤 학생들일까? 학점이 안 좋은 학생들? 영어 토익 점수가 낮은 학생들? 집안 환경이 안 좋은 학생들? 자격증이 없는 학생들?

아니다. 사실 학점, 영어 점수, 자격증 등은 취업에서 그렇게 중요하지 않다. 학생들에게는 취업할 때 학점과 영어 점수가 중요하다고 말하곤 한다. 하지만 그건 학생들을 좀 더 열심히 공부시키려는 의도에서 하는 말이다. 학점이 낮다고, 영어 점수가 낮다고 취업을 못 하지는 않는다. 학점이 높고 영어를 잘하면 좋은 대기업에 들어갈 확률이 조금 높아진다. 그러나 그뿐이다. 확률이 조금 높아질 뿐이다. 학점과 영어가 취직 그 자체를 결정짓는 요소는 아니다. 학점이 낮아도, 영어를 못해도 취직은 할 수 있다. 사실 지금 내가 있는 학교에서 학점이 낮아서 혹은 영어 실력이 부족해서 끝까지 취직을 못한 학생은 없다.

취업을 끝까지 못하는 학생들은 '나는 취업을 할 능력이 없어, 나는 취업을 못할 게 분명해'라고 생각하는 학생들이다. 이런 학생들은 도대체 어떻게 할 수가 없다. 취업이 안 될 거로 생각하기 때문에 처음부터 입사지원서를 넣지 않는다. 원서를 넣어봤자 쓸데없는 일이라고 생각하니 처음부터 아예 원서를 넣지 않는다. 어떻게든 원서를 집어넣게 하더라도 면접장에 가지 않는다. 면접장에 가더라도 기운 없이 수동적으로만 응대한다. 자기가 합격할 가능성이 없다고 생각하고 있는데 면접장에 가서 활기 있게 대답할 리가 없다. 그러니 결과는 뻔하다. 불합격 통지를 받고서는 '역시 나는 안 돼'라는 생각을 굳히고 지원서를 계속 낼 생각을 안 한다.

성적이 나쁜 학생들이 '나는 취업할 능력이 없어'라고 생각하면 차라리 이해할 수 있다. 그런데 의외로 성적이 괜찮은 학생 중에 이렇게 생각하는 사람이 많다. 성적이 좋은 학생은 처음에 이름 있는 기업 몇 군데에 원서를 집어넣는다. 그리고 불합격 통지를 받는다. 그렇게 몇 번 불합격 통지를 받으면 의기소침해지고 '나는 취업할 능력이 없나 보다'라고 생각한다.

그런데 취업 원서를 넣고 나서 몇 번씩 떨어지는 것은 당연한 일이다. 면접에서 10번 정도 떨어져도 특별한 일이 아니다. 평균적인 일일 뿐이다. 서류전형에서 몇십 번 떨어지는 것도 일반적인 일이다. 그런데 성적이 좋은 학생들은 그렇게 몇십 번 떨어지는 것을 쉽게 받아들이지 못한다. 몇 번 떨어지고 나서는 '나는 안 돼'라고 생각한다. 그다음부터는 원서 넣을 생각을 접고 공무원이나 자격증 시험을 준비할 생각을 한다. 이렇게 원서를 넣지 않으면 취업은 물 건너간다. 본인이 할 수 없다고 생각하면 그다음부터는 어떤 방법도 소용이 없다.

성적이 낮아도 계속 원서를 집어넣는 학생은 결국 어딘가에 취직을 한다. 자격증 하나 없어도 계속 원서를 집어넣는 학생은 어딘가에 취직을 한다. 학점과 자격증, 영어 성적은 취업과 큰 관련이 없다. 취업할 수 있다고 생각하고 계속 원서를 넣는 학생은 취업하는 것이고, '나는 안 돼'라고 생각하고 원서를 넣지 않는 학생은 취업이 안 되는 것이다. 취업에서 가장 중요한 것은 '나는 취업을 할 수 있어'라고 생각하느냐, '나는 취업하기 어려울 거야'라고 생각하느냐이다.

다른 일들도 마찬가지다. 부정적으로 생각하면 긍정적인 결과를 얻을 수 없다. 그 일을 할 수 없다고 생각하면 분명 100퍼센트 할 수 없다. 하지만 세상 사람 중에서 모든 것을 긍정적으로 생각하는 사람은 별로 없다. 본인은 긍정적으로 생각한다고 한다. 그런데 막상 질문해보면 "내가 그걸 어떻게 해", "지금은 늦었지"라고 대답한다. 실질적으로는 부정적으로 생각하는 것이다.

나는 학교 학생들 중 똑똑한 친구들에게 이렇게 말할 때가 있다.

"사법고시를 보거나, 로스쿨에 들어가서 변호사를 하는 게 어때?"

그러면 대답은 거의 하나다.

"제가 어떻게 변호사가 돼요? 얼마나 어려운데……. 그런 일은 정말 뛰어난 사람이나 가능한 거고……."

학생들만 그럴까? 친구가 지금 당신에게 "넌 변호사가 적성에 맞을 것 같은데? 변호사를 해보지 그래?"라고 말하면 어떻게 대답할 건가?

강남 상가 건물은 몇십 억이 넘는다. 여러분은 앞으로 그런 몇십 억대 건물을 소유하는 것이 가능하다고 생각하는가, 불가능하다고 생각하는가? 여러분이 직접 세계 일주를 하는 것이 가능하다고 생각하는가, 불가능하다고 생각하는가?

변호사 같은 직업은 자신이 감히 넘볼 수 없는 직업으로 생각하는 사람들이 많다. 아파트 하나를 소유하는 것은 가능하다고 생각하지만, 빌딩 한 채를 소유하는 것은 아예 생각도 못하는 사람들이 많다. 세계 일주는 나중에 돈을 많이 벌어서나 가능하다고 생각한다. 그렇게 생각한다는 것은 지금 자신으로서는 불가능하다고 생각하는 것이다. 부정적인 생각이다. 부정적으로 생각하는 한 가능성은 없다.

물론 지금 마음먹어서 내년에 당장 변호사가 되는 것은 불가능하다. 하지만 '지금부터 몇 년 동안 열심히 공부하면 변호사가 될 수 있어. 하지만 난 그렇게까지 해서 변호사가 되는 것을 바라지 않아. 변호사가 적성에 맞지도 않아. 그러니 변호사가 되지 않겠어'라고 생각하는 것과 '나는 변호사가 될 능력이 없어'라고 생각하는 것은 하늘과 땅 차이다. '나는 마음먹고 공부하면 변호사가 될 수 있어. 하지만 변호사가 되고 싶지는 않아'는 긍정적인 사고방식이다. 이렇게 생각하면 하고 싶은 어떤 일이 나왔을 때 충분히 긍정적으로 생각하고 뛰어들 수 있다. 하지만 '나는 변호사가 될 능력이 없어'라고 생각하는 것은 부정적으로 생각하는 것이다. 세계 일주를 하지 않는다고 해도 '내가 이러이러하면 세계 일주를 할 수 있지만, 그렇게까지 하면서 세계 일주를 하고 싶지는 않아. 그러니 세계 일주를 하지 않겠어'라고 생각한다면 긍정적으로 생각하는 것이다. 하지만 '지금 내가 어떻게 세계 일주를……'라고 반응한다면 부정적으로 생각하는 것이다.

이렇게 부정적으로 생각하는 사람이 특별하게 할 수 있는 일은 거의 없다. 부정적인 사람이 '할 수 있다'라고 생각하는 일은 특별하지 않고 누구나 할 수 있는 일들이다. 하지만 이런 일반적인 일만 해서는 벤츠를 살 수 없다. 건물도 살 수 없다. 세계 일주도 할 수 없다. 변호사나 의사 같은 직업을 가질 수도 없다.

벤츠를 사려면 먼저 긍정적으로 생각해야 한다. 자신의 꿈을 달성하기 위해서는 먼저 긍정적으로 생각해야 한다. 부정적으로 생각하면 그 목표를 달성할 확률이 0퍼센트다. '할 수 있다', '하면 된다'라고 생각해야만 목표를 실현할 확률이 높아진다.

계속 시도하는 힘

긍정적으로 생각하는 사람만이 자신의 목표에 다가갈 수 있다. 부정적인 생각을 하면 어떤 일이든 시도를 하지 않는다. 시도하지 않으니 어떤 결과도 얻을 수 없다. 긍정적인 생각을 하는 사람, 할 수 있다는 생각을 하는 사람들만 무언가를 얻기 위해서 행동을 시작할 수 있고, 결과적으로 무언가를 얻을 수 있다. 그런데 무언가를 얻기 위해서 시도하고 행동하다 보면 필연적으로 실패를 경험한다. 자신이 원래 생각했던 것과는 다르게 일이 진행된다. 긍정적으로 생각하고 정말 열심히 했는데도 결과가 좋지 않다. 그렇게 실패를 겪고 나면 생각도 변한다. '나는 안 되나 보다', '이 일은 안 되나 보다'라고 부정적으로 생각한다. 그러고 나서 더는 시도하지 않는다. 처음에는 긍정적으로 생각했지만 실패를 경험하고서는 부정적인 사람으로 변하는 것이다.

이 사람은 처음에 분명히 하면 된다고 생각하고 행동에 들어갔다. 그런데 실패했다. '하면 된다'라고 긍정적으로 생각하고 시도했지만 결과가 좋지 않다. 그러면 자기계발서에서 한 말이 틀린 걸까? '긍정적으로 생각하면 무슨 일이든 이룰 수 있다'는 말은 틀린 걸까?

우선 긍정적으로 생각하는 것과 낙관적으로 생각하는 것의 차이를 알 필요가 있다. '하면 된다', '할 수 있다'라고 생각하는 것은 긍정적인 사고방식이다. 그런데 할 수 있다고 생각하면서 '난 이번 사업에서 처음부터 성공할 수 있을 거야', '시험을 보면 한 번에 붙을 수 있을 거야', '토익 공부를 열심히 하면 한 달 안에 200점 이상 올릴 수 있을 거야', '주식으로 바로 돈을 벌 수 있을 거야'라는 생각들은 긍정적인 게 아니다. 낙관적인 생각이다. 긍정적인 것과 낙관적인 것은 다르다. 긍정적으로 생각하면 분명히 좋은 결과를 얻을 수 있다. 하지만 낙관적으로 생각하면 좋은 결과를 얻기 어렵다. 더구나 근거 없는 낙관은 실패로 가는 지름길이다.

긍정적으로 생각하는 것 자체가 성공을 가져오지는 않는다. 긍정적인 생각은 실제 어떤 일을 시도하고 행동을 이끄는 역할을 한다. 긍정적으로 생각하는 것의 주된 가치는 직접 행동을 하게 한다는 점에 있다. 긍정적으로 생각하면 어떤 일을 시도할 수 있다. 단지 긍정적으로 생각하면서 결과까지 좋기를 바라서는 안 된다. 결과를 이끌어내는 것은 긍정적인 사고방식이 전부가 아니다. 긍정적 사고방식 외에 다른 요소가 필요하다.

행동이 결과를 이끌어내는 기본 법칙은 '경험을 통한 학습'이다. 그 분야의 일을 계속하면서 배워나가야 한다. 그렇게 배워나가다가 그 분야에서 일정 수준 이상의 지식을 보유하게 되었을 때, 그때 결과가 나타난다. 일정 수준 이상의 학습이 없는 상태에서는 실패할 수밖에 없다. 실패하지 않고서 자신이 원하는 것을 얻을 수 있다면 얼마나 좋을까? 그런데 그런 경우는 거의 존재하지 않는다. 자신이 어떤 사업을 처음 하려고 할 때 그 사람은 그 분야의 새내기다. 그 분야에 처음 입문하는 사람이다. 그 분야에 대해서 아무것도 모른다. 그런데도 그 분야에 처음 들어간 사람은 자신이 뭔가를 많이 안다고 생각한다. 그동안 다른 분야에서 지식을 쌓아왔으니까 지금 새로 시작하는 분야에 대해서도 잘 알고 있다고 생각한다. 자신의 지식이 부족해도 자기는 굉장히 열심히 노력하고 있고, 그래서 그 노력과 열정이 지식의 부족을 메꾸어줄 수 있을 거로 생각한다.

그러나 어떤 새로운 분야에 들어가면서 처음부터 두각을 드러낼 수 있다고 생각하는 것은 지나치게 낙관적으로 생각하는 것이다. 아니, 낙관적이라기보다는 오만에 가깝다. 기존부터 그 분야에서 일하던 사람들의 전문성을 인정하지 않는 것이다. 그리고 자신이 그들보다 훨씬 더 우수한 사람이라고 생각하는 것이다.

이 세상 사람들의 능력은 다들 비슷하다. 특별히 천재적이라고 할 만한 사람은 정말 드물다. 예술 분야에는 천재적인 소질을 타고 태어난 사람이 있다. 하지만 이 사회의 일반적인 영역에서, 특히 사업이나 공부 영역에서는 천재적인 소질이라고 부를 게 별로 없다. 모두가 비슷비슷하다. 이런 상태에서 자신을 우수한 사람, 특별한 사람으로 가정하고 계획을 짠다. 다른 사람들은 실패하더라도 자신은 잘할 수 있을 거로 생각하고 새로운 분야에 들어간다. 하지만 그럴 때는 실패할 수밖에 없다. 기존에 그 분야에서 일하고 있는 사람이나 나 자신이나 능력에 큰 차이가 없기 때문이다.

현재 커피숍, 편의점, 치킨집, 음식점, PC방 등을 처음 시작하는 자영업자들은 3년 이내에 반 이상이 망한다. 5년 이내에는 70퍼센트 이상이 망한다. 그렇게 엄청난 수가 망하는데도 자기 자신은 잘할 수 있다고 생각하고 창업을 시도한다. 그러고 나서 다른 사람들처럼 몇 년 만에 망한다. 그렇게 한 번 망하고 나면 '나는 사업이 안 맞는다'며 그만둔다.

시험 준비도 마찬가지다. 학생들은 공무원 시험이나 자격증 시험을 준비한다고 할 때 보통 이렇게 말한다. "1년 동안 열심히 해서 붙겠습니다." 그런데 공무원 시험을 보는 사람들은 대부분 2년 넘게 공부한다. 5년 넘게 공부하는 사람들도 많다. 그런데 자신은 1년 이내에 공무원 시험에 분명히 붙으리라고 생각한다. 그렇게 1년 동안 열심히 공부했는데 공무원 시험에 떨어지면, '이 길은 나의 길이 아닌가 보다' 생각하고 그만둔다.

사업을 처음 시작했을 때 망하는 것은 특별한 일이 아니다. 학교에서 공부만 하거나, 직장에서 월급만 받아온 샐러리맨은 사업에 대해서 전혀 모른다. 본인은 안다고 생각하겠지만 실제로는 전혀 모른다. 이렇게 전혀 모르는 분야에 들어가면 실패하는 게 당연하다. 본인은 속상하고 억울하다고 생각하겠지만, 객관적인 전문가들이 보기에는 처음 사업을 시작하는 사람이 실패하는 건 거의 99퍼센트 분명한 사실이다.

기본 지식이 부족한 사람이 공무원 시험이나 회계사 같은 자격증 시험에 1년 만에 붙을 수 없다는 것은 이 분야의 사람들에게는 너무나 당연한 이야기다. 그런데 1년 만에 붙지 못했다고 속상해한다. 자신이 실패했다고 생각한다. 그러나 이런 건 실패가 아니다. 자기 자신은 실패라고 생각하겠지만, 객관적으로 볼 때 실패가 아니다. 당연한 거다. 오히려 처음으로 사업을 시작하면서도 성공할 수 있으리라는 생각, 1년 만에 시험에 붙을 수 있으리라는 생각이 문제다. 이건 긍정적으로 생각하는 게 아니라 낙관적으로 생각하는 것이다.

어떤 분야에 처음 들어가서 일정한 실적을 내기 위해서는 그 분야에 대해 어느 정도 수준의 지식을 갖추어야 한다. 그 지식이 갖추어지기 전에는 그 분야에서 결과를 내기 어렵다. 그런데 그 분야에서 결과를 낼 수 있을 정도의 지식을 갖추는 일은 쉽게 되지 않는다. 학교에서는 공부를 가르쳐주었다. 하지만 사회에서는 그런 지식을 가르쳐주는 사람이 없다. 나 자신이 스스로 그 지식을 찾아내야 한다. 누가 가르쳐주지 않는 이상 그런 지식을 배우는 방법은 한 가지밖에 없다. 자신이 직접 뛰어들어가서 경험해보아야 한다. 경험하면서 그 지식을 하나하나 배워가야 한다. 그렇게 해서 일정 수준 이상의 지식을 갖추게 되면, 그때부터 그 분야에서 실적을 낼 수 있다.

중요한 것은 자신이 그 분야에서 일정한 지식을 갖추기 전까지는 실패할 수밖에 없다는 점이다. 똑똑한 사람은 성공하고 똑똑하지 않은 사람은 실패하는 것이 아니다. 열심히 한 사람은 성공하고 열심히 하지 않은 사람은 실패하는 것도 아니다. 그 분야에서 일정 수준에 도달한 사람은 성공하고 그 분야에서 일정 수준에 도달하지 못한 사람은 실패하는 것이다. 덧붙여 그 분야의 초보자는 절대 일정 수준 이상의 지식을 갖추고 있지 않다. 당연히 실패한다. 실패하는 과정을 통해 그 분야의 지식을 배워나간다. 그런데 몇 번 실패했다고 포기한다면 정말 그것으로 끝난다. 그 분야에서 일정 수준 이상의 지식을 배울 기회가 영영 날아간다. 그 분야에서 성공할 기회도 날아간다.

'하면 된다'라는 긍정적인 사고방식을 가지고 시도해야 한다. 하지만 중간에 몇 번 실패할 거라는 건 예상하고 있어야 한다. 최소 3번 이상은 실패할 수 있다는 걸 예측하고 계획을 작성해야 한다. 실패하더라도 전체 과정에서 예측된 실패이므로 포기하지 않고 계속 시도가 이루어져야 한다. 실패는 필연적인 과정이다.

긍정적인 사고방식을 가지라고 해서 자기 자신은 무조건 성공할 수 있다고 생각해서는 안 된다. 근거 없고 대책 없는 낙관주의는 오히려 자신을 망친다. 아무리 열심히 하더라도 중간에 실패할 수 있다는 것을 인정해야만 한다. 그게 정상적인 과정이다.

 꿈을 종이에 적는다는 것

자기계발서에서 가장 강조하는 내용 중 하나는 '자신의 목표를 종이에 적어라'이다. 종이에 적고 나서 그 종이를 가지고 다니라는 책도 있고, 종이에 적는 것이 아니라 그림을 그리라는 책도 있다. 꿈을 표시하는 사진을 오려서 붙이라는 책도 있고, 동영상을 만들라는 책도 있다. 어쨌든 이 모든 자기계발서에서 하는 말은 하나다. 자신의 꿈을 종이에 쓰든 사진으로 찍든 그림을 그리든 동영상으로 만들든, 어떤 방법을 써서라도 꿈을 외적으로 표현하라는 것이다.

사람들은 보통 꿈을 자신의 마음속에만 둔다. 꿈을 생각만 한다. 이러저러하고 싶다는 꿈을 마음속에만 간직한 채 고이고이 모셔둔다. 꿈을 종이에 적으라는 것은 마음속에 간직한 꿈을 외부에 표시하라는 뜻이다. 꼭 다른 사람들도 알 수 있도록 표현하라는 말이 아니다.

자기 자신만 볼 수 있어도 된다. 어쨌든 종이에 객관적으로 적으라는 것이다. 그러면 그 꿈이 실현될 가능성이 커진다고 한다.

어떤 꿈을 가지고 있을 때 그 꿈을 마음속에서만 생각하고 있으면 실현될 가능성이 적다. 하지만 그 꿈을 종이에 적으면 실현된다. 이 말이 맞을까? 과학적으로 일리가 있는 말일까, 그냥 하는 말일까?

이 명제가 과학적으로 근거가 있느냐고 물어보면 과학적 근거가 없다고 말할 수밖에 없다. 나도 박사 학위를 가지고 있는 학자다. 학자로서 분명히 말할 수 있다. 이 말은 과학적 근거가 없다. 그저 미신 같은 것이다. 그래서 난 이 명제를 계속 무시했다. '무슨 말도 안 되는 소리야'라고 생각했다.

그런데 자기계발서를 계속 읽다 보니 이렇게 말하는 책이 아주 많았다. 종이에 써라, 비전 사진집을 만들라는 말을 많이 했다. 그러다가 한번 속는 셈치고 목표를 종이에 써보기로 했다. 2년 동안은 그저 자기계발서를 읽기만 했다. 그러다가 처음으로 종이에 목표를 적은 것이다. 나의 비전과 목표의 목록을 만들고, 그 안에 '벤츠 사기'라고 적었다. 정말로 벤츠를 살 수 있으리라고는 생각하지 못했다. 단지 하도 '종이에 적어라'라는 말이 많으니 한번 적어본 것뿐이다. 여러 자기계발서가 반복하는 말에 '한번 들어주지'라는 마음으로 나의 목표를 목록으로 만들어 적었다.

나의 비전 목록에 '벤츠 사기'를 적고, 프린터로 출력해서 포켓 파일에 넣고 다녔다. 다른 서류들이 들어 있는 포켓 파일을 열 때마다 그

비전 목록들을 보았다. 거의 매일, 못해도 며칠에 한 번은 '벤츠 사기'라는 목록을 보았다. 그렇게 '벤츠 사기'라는 목록을 계속 마주하다가 어느 순간 이런 생각이 떠올랐다.

'어떻게 하면 벤츠를 살 수 있을까?'

솔직히 말하면 내게 가장 중요한 변화는 이 순간이었다. 그 이전에는 '벤츠를 타봤으면 좋겠다'라는 단순한 희망을 품었을 뿐이었다. 정말로 벤츠를 살 수 있을 거라고는 생각하지 못했다. 구체적으로 벤츠를 사기 위해서 어떻게 해야겠다는 생각을 해본 적도 없다. 그런데 '벤츠 사기'라는 목록을 계속 마주하다 보니 어느 순간에 '벤츠를 사기 위해서는 어떻게 해야 하나'라는 질문을 떠올린 것이다. 그 이전에는 단순히 희망으로만 간직하고 생각만 할 뿐이었다. 하지만 '어떻게 하면 벤츠를 살 수 있을까'라는 생각이 든 이후부터는 실제 행동 영역에 들어갔다. 마음속에서 실제로 벤츠를 사기 위한 메커니즘이 작동하기 시작한 것이다.

꿈을 가진다고 꿈이 저절로 실현되는 것은 아니다. 목표를 종이에 적는다고 그 목표가 저절로 달성되는 것도 아니다. 어떤 조물주가 내가 종이에 적은 목표를 보고 그 목표를 이뤄주는 것이 아니다. 정말로 나의 꿈을 달성하기 위해서는 내가 그 꿈의 실현을 위해서 움직여야 한다. 내가 그 꿈을 달성하기 위한 행동을 시작해야 꿈이 실현될 가능성이 생긴다.

종이에 꿈을 적은 것이 어떤 효과가 있느냐고? 종이에 꿈을 적는다고 해서 저절로 그 꿈이 이루어지는 것은 아니다. 하지만 종이에 꿈을 적고 계속 그 종이를 보면 그 꿈에 대해서 계속 생각하게 된다. 그냥 생각만 할 때는 그 꿈을 자주, 또는 많이 생각하지 못한다. 어쩌다 혼자 있을 때, 혼자 상념에 잠기고 지난 세월을 돌아볼 때나 나의 꿈이 무엇인지를 생각할 뿐이다. 그런 식으로 자신의 꿈을 생각한다면 많아야 한 달에 한 번 정도 꿈을 떠올릴 것이다. 그리고 한 달에 한 번 생각하는 것은 실제 나의 행동에 영향을 미치지 못한다.

종이에 꿈을 적고 계속 종이를 보면, 그 꿈에 대해서 그만큼 더 생각하게 된다. 꿈을 계속 의식하게 된다. '이걸 해야 되는데'라는 생각이 계속해서 주입된다. 그렇게 그 꿈에 대해서 계속 생각하면 어느 순간에 그 생각이 진화한다. '벤츠를 사고 싶다'라는 단순한 소망이 '어떻게 하면 벤츠를 살 수 있을까'로 진화한다. 벤츠를 사기 위한 방법론에 들어간 것이다. 이때부터는 실제 행동 영역에서 벤츠를 사기 위한 작업이 시작된다.

나는 실제 행동 영역에 들어간 이후부터 벤츠를 살 방법을 생각하기 시작했다. 구체적으로 벤츠의 차종은 무엇이 있으며 가격이 얼마이며 할부 조건이나 리스 조건은 어떻게 되는지, 그리고 실제 벤츠를 타고 다닐 때 유지비와 운영비는 얼마인지를 살펴보기 시작했다.

벤츠를 사기 위해서는 무엇보다 돈이 필요했다. 이전에는 '돈이 많이 있어야지', '부자가 되면 살 수 있겠지' 정도로만 생각했다. 그런데 벤츠의 가격과 구매 조건, 유지비 등을 따져보다 보니 어느 정도의 돈이 있으면 벤츠를 살 수 있는지가 파악되었다. 벤츠를 사기 위해서 몇십억대 부자가 되어야 할 필요는 없었다. 벤츠 중형차 가격은 6000만 원에서 8000만 원 사이였다. 7000만 원 정도만 있으면 충분히 벤츠를 살 수 있다. 그리고 할부로 산다면 초기 자금이 2000~3000만 원 정도만 있어도 살 수 있다. 이렇게 할부로 사면 매달 부담해야 하는 할부금이 있다. 그 할부금이 어느 정도 되는지도 파악한다. 그렇게 하다 보니 구체적으로 어느 정도의 수입이 있어야 벤츠를 살 수 있는지도 알게 되었다.

그다음에는 어떻게 하면 그 수입을 얻을 수 있을지를 생각했다. 그 이전에는 매달 주어지는 월급만 받을 뿐이었다. 하지만 주어진 월급만으로는 벤츠를 살 수 없다. 교수 월급으로는 앞으로 5년이 지나도, 10년이 지나도 벤츠를 사기는 어렵다. 그러면 어떻게 벤츠를 살 수 있을 정도로 수입을 올릴 수 있을까? 주식 투자를 하면 어떤가? 친구가 사업하는 데 투자하면 어떤가? 논문을 쓰면 금전적 보상을 주는 연구기관들이 있는데 이런 연구기관에 맞추어 논문을 쓰면 어떤가? 연구 프로젝트를 따면 어떤가? 그런 식으로 계속 방법을 찾았다.

종이에 쓰면 꿈이 이루어지는 걸까? 지금 나의 대답은 "그렇다"이다. 종이에 쓰면 꿈이 이루어진다는 말은 과학적인가? 지금 나의 대답은 "그렇다, 과학적이다"이다. 종이에 쓰면 꿈이 이루어진다는 말을 처음 들었을 때, 어떤 신비로운 존재가 그 꿈을 달성하게 해주는 건 줄 알았다. 종이에 꿈을 쓰면 무언가 알 수 없는 힘이 그 꿈을 이룰 수 있도록 도와주는 건 줄 알았다. 그런 건 믿을 수 없었다. 그래서 종이에 쓰면 꿈이 이루어진다는 말을 그냥 하는 말, 아니면 미신으로 생각했다.

그런데 종이에 쓰면 꿈이 이루어진다는 말에는 중간 단계가 있다. 종이에 쓰면 자신의 꿈을 계속 보게 된다. 생각만 할 때는 많아야 한 달에 한두 번 그 꿈을 의식할 뿐이지만, 종이에 써서 옆에 두면 매일매일 그 꿈을 의식하게 된다. 그리고 꿈을 계속 의식하다 보면 그 꿈을 달성할 방법을 찾는다. 구체적 방법을 찾고, 그 방법을 실행한다. 그렇게 그 방법을 실행하다 보면 그 꿈이 실제로 달성된다.

처음부터 그 꿈을 실행할 방법을 찾으면 되지 않느냐고? 하지만 꿈은 자신이 지금 당장 달성하기가 어렵다고 생각되기에 꿈이다. '이건 내가 분명히 할 수 있어'라고 생각하면 그건 꿈의 영역이 아니다. 실제 가능하다고 생각해야 방법을 찾는다. 불가능하다고 생각하면 그 방법을 찾지도 않는다. 종이에 꿈을 적고 계속 바라보는 효과는 그 점이다. 그 꿈을 계속 보다 보면 그 꿈이 가능하다고 생각하게 되고 그 방법을 찾기 시작한다. 종이에 꿈을 쓰고 계속 바라보다 보면 그렇게 꿈을 달성할 방법을 찾고 실행하게 된다.

내가 벤츠를 살 수 있었던 이유는 종이에 '벤츠 사기'를 적고 계속 바라보았기 때문이다. 물론 그것만으로 벤츠를 살 수 있었던 것은 아니다. 그 이후에 벤츠를 사기 위해 수입을 늘리는 과정이 필요했다. 하지만 벤츠를 살 방법을 찾아 실행하게 한 계기는 종이에 적은 '벤츠 사기'였다. 종이에 꿈을 적으면 정말로 그 꿈이 달성될 확률이 커진다.

이제, 변화의 시간을 기꺼이 인내하라!

　토익 점수를 높이는 게 아니라 영어 회화 실력을 늘리고 싶다고 하자. 그러면 어떻게 해야 할까? 혼자서 영어 오디오나 비디오로 공부할 수도 있다. 영어 회화 전문 학원에 다닐 수도 있다. 서점에 가면 영어 회화 참고서가 아주 많다. 영어 학원도 많다. 이 중에서 자신의 마음에 드는 방법을 선택해서 영어 회화 공부를 시작할 것이다.

　이렇게 영어 회화 공부를 시작하는 사람은 많다. 그런데 영어 회화 학원에 다녀서 영어 회화를 얼마만큼 하게 되었다는 사람은 만나기 어렵다. 영어 회화 학원에 다닌 사람들은 많지만, 막상 학원에 다녀서 영어로 무난히 대화할 수 있을 만큼 실력이 늘었다는 사람은 거의 없다. 검증된 교육 프로그램으로 원어민이 가르치고 학원도 빼먹지 않고 계속 다녔다. 그런데도 영어 회화 실력이 늘지 않는 이유는 무엇일까?

학원 수업을 곧잘 빼먹어서 영어 회화 실력이 늘지 않는 경우는 당연하니 제외하자. 그런데 학원을 계속 다니는데도 회화 실력이 늘지 않는 이유는 한 가지다. 영어 실력이 늘었다는 것을 스스로 느낄 만큼 영어 학원을 오래 다니지 않았기 때문이다.

영어 회화 실력이 늘기 위해서는 시간이 필요하다. 토익 점수의 경우에는 2개월 정도 열심히 공부하면 어느 정도는 점수를 올릴 수 있다. 그러나 영어 회화는 한두 달 열심히 한다고 해서 실력이 눈에 띄게 늘어나지 않는다. 정말로 영어 회화 실력이 늘었다는 것을 실감할 수 있으려면 1년은 학원에 다녀야 한다. 주위에서 조금이라도 늘었다는 말을 듣기 위해서는 최소한 6개월 이상은 다녀야 한다.

스스로 늘었다는 것을 실감하기 위해서 1년이 필요한 것이지, 그 1년 사이에 정말로 영어로 소통할 실력을 갖추는 건 아니다. 영어로 기본적인 내용이나마 어느 정도 소통할 수 있으려면 못해도 2년 이상의 시간이 걸린다.

이 시간은 '절대 시간'이다. 보통 사람은 2년이 걸린다고 하지만, 열심히 하면 6개월 안에 되지 않을까? 그렇지 않다. 아무리 열심히 해도 이 기간은 줄어들지 않는다. 열심히 해서 2년인 것이다. 열심히 하지 않으면 그것보다 더 오랜 시간이 걸린다. 아무리 열심히 하더라도 2년이라는 시간은 잡아야 한다.

그런데 영어 학원을 2년 이상 다니는 사람은 거의 없다. 1년 이상 다니는 경우도 거의 없다. 서울 강남의 유명 영어 회화 학원의 경우,

영어 회화를 공부하려는 사람들로 늘 북적인다. 그런데 영어 회화 수업에 등록한 사람들이 평균적으로 학원에 다니는 기간은 6개월이 안 된다. 대부분 사람은 2~3개월 다니다가 그만둔다. 본인들은 큰 맘 먹고 영어 회화 공부를 시작했을 것이다. 비싼 학원비를 부담하고, 또 바쁜 일정에서 일주일에 몇 시간을 할애해서 영어 공부를 시작했을 것이다. 영어 회화 학원 중에서도 이름난 학원을 애서 찾아왔을 것이다. 그렇게 열심히 학원을 다니기 시작했는데 2~3개월이 지나도 별다른 효과가 없다. 그래서 그만둔다. 영어 학원이 맞지 않거나, 영어 선생에게 문제가 있거나, 아니면 자신이 영어에 잘 맞지 않는다는 등의 이유를 든다.

그러나 영어 회화 실력이 늘기 위해서는 시간이 필요하다. 아무리 영어 학원이 좋고, 영어 선생이 좋고, 내가 언어에 선천적인 재능이 있다고 하더라도 시간이 필요하다. 2년 이상은 다녀야 한다. 그래야 실질적인 효과가 나타난다. 영어 회화 실력을 향상하기 위해서는 절대적으로 소요해야 하는 시간이 있다. 그런데 대부분 사람은 이 기본적인 시간을 채우지 못한다. 몇 개월 열심히 하면 효과가 있을 거로 생각한다. 그러나 영어 회화 실력은 아무리 열심히 하더라도 몇 개월 사이에 향상되지 않는다.

토익은 몇 개월 동안 열심히 공부하면 점수를 올릴 수 있다. 하지만 영어 회화는 그렇지 않다. 2년 이상의 시간이 필요하다. 토익과 영어 회화의 차이는 무엇일까? 토익은 영어 지식을 습득하는 것이다. 영어 단어와 문장 구조 등의 지식을 익히는 과정이다. 지식을 늘리는 일은 2~3개월 사이에 가능하다. 그래서 토익은 2~3개월 사이에 100점 이상 점수를 올릴 수 있다. 2개월 사이에 200점을 올렸다는 말도 들리곤 한다.

하지만 영어 회화는 지식을 늘리는 일이 아니다. 새로운 습관을 들이는 것이고 새로운 사고방식을 습득하는 일이다. 이것은 단순히 지식을 얻는다고 될 일이 아니다. 지식을 자신의 생각과 몸에 체화시켜야 하는 일이다. 그런데 지식을 생각과 몸에 체화시키기 위해서는 시간이 필요하다. 열심히 한다고 해서 더 빨리 되는 게 아니다. 자신의 몸과 마음이 받아들이는 시간이 필요하다.

자기계발서에 의한 변화도 영어 회화를 배우는 것과 마찬가지다. 시간이 걸린다. 내가 자기계발서의 내용을 열심히 실천하려고 하면 바로 변할 수 있지 않을까? 그렇지 않다. 아무리 열심히 자기계발서의 내용을 따른다고 하더라도 절대적인 시간이 필요하다. 실제 결과를 보기 위해서는 2년 정도의 시간이 필요하다.

자기계발서 내용을 지식으로 습득하는 일은 그리 오랜 시간이 걸리지 않는다. 좋은 자기계발서 책을 읽으면 한두 권만 읽어도 지식적으로는 충분히 그 내용을 파악할 수 있다. 몇 달 동안 자기계발서들만 집중적으로 읽으면 몇 달 안에 자기계발서 전문가가 될 수도 있다.

그러나 자기계발서 내용을 아는 것과 자기계발서의 내용에 따라 자신에게 정말로 변화가 일어나는 것 사이에는 시간이 필요하다. 자신에게 변화가 일어나고 그에 따라 실제 생활에 변화가 생기기까지도 시간이 필요하다. 이 시간은 한두 달로도 충분할까? 아니다. 한두 달 만에 되지 않는다. 자신의 생각에 정말로 변화가 이루어지고 있음을 실감하려면 못해도 6개월은 걸린다. 자신의 생활에 정말로 변화가 이루어지려면 못해도 1년 이상의 시간이 걸린다. 정말로 꿈이 달성되었음을 실감하려면 2년 정도의 시간을 잡아야 한다.

내 경우 처음에 자기계발서를 읽기 시작해서 자기계발서의 내용을 정말로 실천하겠다는 생각이 들 때까지 2년 정도의 시간이 걸렸다. 그 이전에는 자기계발서를 읽으면서 그 내용을 지식으로만 습득했다. 누가 물어보면 내용은 말할 수 있다. 하지만 그 내용을 마음으로 받아들인 것은 아니었다. 단지 지식으로만 알고 있었을 뿐이다. 지식으로만 알고 있는 것은 소용이 없다. 지식으로만 자기계발서를 알고 있던 2년 동안에는 실제 내 생활에 아무런 변화가 없었다.

그렇게 2년이 지나서 자기계발서의 내용을 실천해보자는 생각이 들었다. 이때서야 자기계발서의 내용을 나의 마음으로, 사고방식으로 받아들인 것이다. 그리고 자기계발서의 내용을 실천하면서 2년 후, 첫 번째 실질적 변화가 삶에 나타났다. 정말로 벤츠를 샀다. 그렇게 자기계발서를 읽기 시작해서 첫 번째 원하는 목표를 달성하기까지 총 4년이 걸렸다.

누누이 이야기하지만, 처음에는 자기계발서의 내용을 믿지 못했다. 그래서 자기계발서의 내용을 마음으로 받아들이기까지 시간이 오래 걸렸다. 여러분이 만일 자기계발서의 내용을 처음부터 인정한다면 마음으로 받아들이는 시간은 훨씬 단축될 것이다. 하지만 그렇다고 해서 몇 개월 안에 실제 결과를 얻지는 못할 것이다. 영어 회화를 할 수 있기까지도 2년이란 시간이 걸린다. 자신의 꿈을 달성하기 위해서는 기본적으로 소요되는 시간이 있다. 몇 년이란 시간이 소요되리라는 것은 처음부터 예측하고 있어야 한다.

자기계발서를 계속 읽고 실천하면 분명 변화가 이루어질 것이다. 하지만 이 변화에는 시간이 필요하다. 그 시간의 흐름을 처음부터 인정하고 받아들여야 한다. 몇 개월 만에 효과가 없다고 생각하고 포기해서는 안 된다. 1~2년밖에 안 해보고 아무런 실질적 변화가 없다며 그만두어서는 안 된다. 단지 고등학교 졸업장 한 장을 받기 위해서도 3년이란 시간이 필요하다. 졸업해보았자 연봉 2000만 원에서 4000만 원 사이의 신입사원이 될 뿐인 대학을 마치기 위해서도 4년이란 시간이 필요하다. 자기계발서를 읽어서 나타나는 변화에도 최소한 그 정도의 시간이 걸린다는 것을 미리 인정하자.

3장

행동하지 않는 자여, 왜 자기계발서를 욕하는가!

책 한 권이 인생을 바꾼다?

나는 자기계발서가 아주 소중한 책이라고 생각한다. 그러나 주위를 둘러보면 자기계발서를 비판하는 목소리가 적지 않다. 이 세상에는 좋은 책들이 정말 많다. 인류의 보고인 문학과 예술에 관한 책, 그리고 이 세상의 진리를 일깨워주는 사회과학이나 자연과학에 관한 책도 많이 있다. 그런데 이렇게 좋은 책들은 사람들이 잘 읽지를 않아 많이 팔리지 않는다. 그 와중에 자기계발서는 계속 출판되고 또 베스트셀러에 이름을 올린다. 이러한 출판계의 모습을 보고 비판하는 목소리도 크다. 그들은 "자기계발서를 읽는다고 해서 인생이 정말로 나아지는 건 아니다", "자기계발서는 제대로 된 책이 아니다", "자기계발서는 일반 독자들을 유혹해서 많이 팔려고 만든 책이다", "자기계발서는 깊이가 없다" 등의 이야기를 한다.

그런데 정말 자기계발서는 제대로 된 책이 아닐까? 자기계발서를 읽어도 실제 삶이 좋아지지 않는 걸까? 자기계발서는 출판사들의 기획으로 만들어진 책일 뿐일까? 여기에서는 자기계발서에 대한 비판의 목소리를 소개하고 그 비판에 대해 반론을 제기해본다.

자기계발서에 대한 가장 큰 비판 중 하나는 자기계발서 한 권을 읽는다고 삶이 달라지지 않는다는 것이다.

> 많은 자기계발서가 그 책만 읽으면 삶이 크게 달라질 것처럼 광고한다. 그 책이 살아가는 데 꼭 필요한 비법인 것처럼, 그 비법만 알면 삶이 크게 변하는 것처럼 이야기한다. 하지만 우리의 생활은, 그리고 삶은 그렇게 쉽게 변하는 것이 아니다. 생활을 변화시키고 습관을 바꾸기 위해서는 끊임없는 자기 노력과 성찰이 필요하다. 그렇게 노력해야 이룰 수 있는 것인데, 자기계발서는 이 책 한 권만 읽으면 다 되는 것처럼 이야기한다. 특히 부자가 되는 방법을 이야기하는 자기계발서는 그 책만 읽으면 부자가 될 수 있다고 이야기한다. 이는 독자를 우롱하는 것이다. 자신의 삶을 변화시키는 것은, 그리고 부자가 되는 것은 책 한 권 읽는다고 달성되는 것이 아니다.

자기계발서에 대한 이러한 비판은 옳다. 내 경우에도 책 한 권을 읽고 인생이 달라졌다고 말할 수 없다. 더구나 책 한 권을 읽고 부자가 된다는 것은 말도 안 된다. 좋은 자기계발서 한 권을 읽었다고 벤츠를 살 수 있는 것도 아니다. 분명 "책 한 권을 읽었다고 삶이 달라지거나 부자가 될 수 있는 건 아니다"라는 말은 맞다. 그러나 자기계발서 비판자들이 하는 말, "자기계발서 한 권을 읽는다고 삶이 달라지거나 부자가 되는 건 아니다. 그러니까 자기계발서를 읽는 것은 쓸데없는 일이다"라는 말은 틀렸다. 자기계발서 한 권을 읽는다고 삶이 달라지지는 않는다. 그러나 그렇다고 해도 자기계발서를 읽는 게 쓸모없다는 말은 틀렸다. "자기계발서 한 권을 읽는다고 삶이 달라지거나 부자가 되는 건 아니다. 그러니까 한 권만 읽지 말고, 여러 권을 읽어라. 또한 한 번만 읽지 말고 여러 번 계속 읽어라"가 맞는 말이다. 그렇게 자기계발서를 여러 권 계속 읽으면 분명히 인생이 달라진다. 그리고 부자가 될 수도 있다. 한국의 최고 갑부가 되는 것은 어려울 수 있다. 그러나 벤츠를 탈 수 있을 정도의 소득은 벌 수 있다.

분명히 말하지만, 자기계발서 한 권을 읽는다고 해서 삶이 달라지지는 않는다. 자기계발서 한 권을 읽는다고 삶이 달라진다는 말은, "영어 책 한 권을 읽으면 영어를 잘할 수 있다", "이 다이어트 책 한 권을 읽으면 살을 뺄 수 있다", "이 한 권을 읽으면 몸짱이 될 수 있다", "책 한 권만 읽으면 공부를 잘할 수 있다"는 말과 똑같다.

영어를 잘하기 위해서는 영어를 계속 읽고 말해야 한다. 영어 책 한 권을 읽고 영어 잘하는 비법을 습득할 순 없다. 좋은 영어 참고서 한 권을 읽고 토익 점수가 100점 이상 오를 수는 있다. 좋은 영어 책을 한 권 읽고 독해력이 늘 수도 있다. 그러나 그런다고 영어를 잘할 수 있게 되는 것은 아니다. 영어를 잘하기 위해서는 정말 오랜 시간 동안 영어를 대해야 한다. 영어로 된 책이나 신문, 잡지, 보고서 등을 계속 대해야 한다. 그래야 영어를 잘할 수 있다. 아무리 좋은 영어 참고서라고 하더라도 그 한 권만 읽어서는 영어를 잘할 수 없다.

헬스 같은 경우도 마찬가지다. 아무리 좋은 책을 읽는다고 해도 책 한 권을 읽고 몸짱이 될 수는 없다. 몸을 만들기 위해서는 헬스장을 다니면서 제대로 운동했을 때 못해도 6개월은 걸린다. 기본적으로 시간이 걸리고, 또 계속 같은 운동을 해야 한다. 아무리 좋은 트레이너를 만난다고 하더라도, 트레이너와 함께 한 번 운동한 정도로는 몸짱이 되지 않는다. 일주일에 3일 이상, 6개월 정도는 계속 운동해야 몸이 달라진다. 몸의 지방을 빼고 근육질로 만들기 위해서는 일주일에 3일씩 6개월은 운동해야 한다. 그 정도 되면 분명히 자신의 몸이 변화되었음을 느낄 수 있다.

공부도 마찬가지다. 아무리 좋은 참고서를 본다고 하더라도 책 한 권을 읽고서 우등생이 될 수는 없다. 만약 정말로 한 권만 보았다면, 그 책을 한 번만 읽은 게 아니다. 그 한 권의 책을 수도 없이 계속 읽었을 것이다. 그렇게 읽어야만 우등생이 될 수 있다. 그렇게 계속 읽는다고 하더라도 평균 50점을 받는 사람이 한 달 만에 평균 90점으로 점수가 뛰지는 않는다. 이번 달에는 평균 50점이었다가, 그다음 달에는 평균 60점, 그다음 달에는 평균 70점, 그런 식으로 조금씩 조금씩 올라간다. 아무리 열심히 공부한다고 해도 평균 50점 받는 학생이 한 달 만에 평균 90점으로 올라가지는 않는다. 성적이 올라가는 데도 시간이 필요하다.

세상사 모든 것이 다 그렇다. 자신의 몸을 변화시키려면 일주일에 3일씩 6개월 동안 운동해야 한다. 성적을 올리기 위해서도 최소한 몇 개월의 시간이 필요하다. 그리고 이 시간은 단순히 흘려보내는 시간이 아니다. 그 몇 개월 동안 계속 운동하고, 혹은 계속 공부했을 때 변화가 나타난다.

헬스를 해서 몸을 변화시키는 것도 이 정도의 시간과 노력이 필요하다. 성적이나 토익 점수를 올리기 위해서도 그 정도의 시간과 노력이 필요하다. 그런데 자기계발은 자신의 몸 정도가 아니라 자신의 삶 전체를 변화시키는 일이다. 몸을 만드는 것보다, 단지 영어 토익 점수를 좀 더 많이 받는 것보다 더 많은 시간과 노력이 필요하다.

자기계발서를 한 권 읽는 것은 헬스장에 한 번 간 것, 영어 학원에 한 번 출석한 것과 동일한 얘기다. 헬스장 한 번 갔다고 해서 몸이 변화하지는 않는다. 영어 학원에 한 번 갔다고 해서 영어에 능통해질 수 없다. 마찬가지로 자기계발서 한 권 읽었다고 삶이 달라지지는 않는다.

그럼 어떻게 해야 할까? 자기계발서 한 권을 읽는다고 벤츠를 탈 수 있는 게 아니니까 자기계발서를 읽지 말아야 할까? 이 말은 영어 학원에 한 번 출석한다고 영어 점수가 오르는 게 아니니까 영어 학원에 갈 필요가 없다는 말과 똑같다. 헬스장에 한 번 간다고 몸이 달라지는 게 아니니까 헬스장에 갈 필요가 없다는 말이다. 영어를 잘하기 위해서는 영어 학원에 계속 가야 하듯이, 몸짱이 되기 위해서는 헬스장에 계속 가야 하듯이, 벤츠를 탈 수 있으려면 자기계발서를 계속 읽어야 한다. 그렇게 계속 자기계발서를 읽을 때, 비로소 무언가가 변화한다는 것을 느낄 수 있다.

나는 자기계발서를 학술 서적, 논문집을 읽다가 심심풀이로 읽기 시작했다. 그렇게 자기계발서를 수십 권 넘게 읽었다. 그렇게 수십 권을 넘게 읽고 나서, 비로소 '자기계발서에서 하라는 대로 한번 해볼까?'라는 생각이 들었다. 자기계발서를 몇 년간 수십 권 읽고 나서 곧바로 벤츠를 산 게 아니다. 자기계발서를 몇 년간 수십 권 읽고 나서야 처음으로 행동의 변화가 일어났다. 그리고 그 행동의 결과가 나타나기까지는 그 이후로 다시 2년 이상의 시간이 걸렸다. 나는 그 기간에도 자기계발서를 계속 읽어나갔다. 자기계발서가 내 삶을 변화시켜 그 변화의 결과를 얻기까지 100권이 넘는 책과 4년의 세월이 걸렸다.

자기계발서 한 권을 읽는다고 삶이 달라지지는 않는다. 그러나 그렇다고 해서 자기계발서가 필요 없는 책은 아니다. 자기계발서는 계속 읽어야 한다. 그래야만 행동의 변화가 일어나고, 또 삶의 결과도 달라질 수 있다.

자기계발서는 '순간의 마약'이다?

자기계발서에 대한 또 다른 비판을 살펴보자.

자기계발서를 읽으면 기분이 좋아진다. 나도 할 수 있을 것 같은 생각이 든다. 자기가 원하는 것을 얻을 수 있을 것 같고, 자신이 원하는 삶을 살 수 있을 것 같다. 그래서 기분이 상기된다. 그러나 거기까지다. 책을 읽었을 때는 기분이 좋아지지만 단지 그때뿐이다. 길면 일주일 정도는 좋은 기분을 유지할 수 있다. 하지만 대부분 사람은 2~3일만 지나면 다시 원래대로 돌아온다. 자기계발서는 그 효용이 길어야 며칠밖에 가지 않는다. 장기적으로 영향을 미치지 못한다. 그 책을 읽고 있는 딱 그 시점에만 마음에 즐거움을 주는 책이다.
장기적으로는 아무런 효과를 미치지 못하고 단기적으로 기분을 좋게 해주는 것. 이것은 마약과 유사하다. 마약과 같은 책이다. 하지만 마약은 궁극적으로 우리의 건강을 망친다. 마찬가지로 자기계발서는 장기적으로 우리의 마음을 건강하게 해주지 못한다. 장기적으로 도움을 주지 못하고 단기적으로 기분만 좋게 해주는 책, 그것이 바로 자기계발서다.

자기계발서가 단기적으로 기분만 좋게 해줄 뿐이라는 비판이 있다. 이 비판은 맞는 말일까? 사실 맞는 말이다. 나는 자기계발서가 장기적으로 영향을 미친다고는 생각하지 않는다. 자기계발서는 단기적으로만 영향을 미친다.

그렇지만 단기적으로만 영향을 미치는 책은 자기계발서뿐만이 아니다. 모든 책이 다 마찬가지다. 아니, 책만이 아니다. 모든 문화는 다 단기적이다. 문화가 장기적인 영향을 미치는 경우는 딱 2가지밖에 없다. 그 사람이 그 문화를 처음 대한 경우, 그리고 그 문화 작품이 엄청난 명작인 경우다. 이 2가지 경우에는 문화가 사람에게 장기적으로 영향을 미친다. 하지만 일반적인 문화 작품 혹은 상품들은 사람에게 단기적인 영향만을 미칠 뿐이다.

영화를 예로 들어보자. 여러분은 평생 몇 편의 영화를 보았는가? 성인이 되어 본 영화뿐만이 아니라, 어려서부터 본 만화영화도 다 포함해보자. 장편 영화, 단편 영화 모두 합쳐보자. 극장에서 본 것만이 아니라 비디오로 본 것, 인터넷으로 본 것도 모두 포함해보자. 그렇게 꼽아보면 지금까지 여러분이 본 영화는 엄청난 양일 것이다. 사람마다 편차가 있겠지만, 보통 성인들의 경우 아무리 못해도 몇십 편 이상은 될 것이다.

그러면 그 영화들 중에서 여러분에게 장기적으로 영향을 미친 작품은 무엇이 있었나? 그 영화가 좋았던 경우에는 영화를 본 후 며칠 동안 영화 이야기만 할 수도 있을 것이다. 그 영화에 깊은 감명을 받아서 감독이나 배우들을 쫓아다녔을 수도 있다. 하지만 그것이 어느 정도 기간이었나?

대다수 사람은 영화를 보고 난 후에 길어야 하루 정도 이야기하고 잊어버린다. 누가 그 이야기를 하면 기억이 나서 몇 마디 덧붙일 순 있겠지만, 영화 내용을 오랫동안 간직하고 되새기지는 않는다. 그리고 오래된 영화는 기억도 하지 못한다. 주된 내용이 무엇인지, 누가 나왔는지도 기억나지 않고 다른 영화와 헷갈리기도 한다.

그렇다면 영화와 달리 책은 원래 장기적으로 영향을 미치는 문화 장르일까? 파스칼의 《팡세》 같은 고전을 읽으면 그 영향이 오래 남을까? 나 역시 이전에 《팡세》를 읽었다. 지금 기억에 남는 것은 《팡세》의 형식뿐이다. 그 내용이 무엇인지는 아무것도 기억이 안 난다. 사실 책 100권을 읽으면 그 내용이 제대로 기억에 남는 것은 대여섯 권밖에 되지 않는다. 나머지 대부분은 이 책을 읽었다는 기억뿐이다. 사실 그중에 몇 권은 내가 이 책을 읽었는지 아닌지도 잊어버리는 경우가 있다. 그래서 서점에서 읽은 책을 또 사는 경우도 발생한다. 그 책을 이

전에 사서 읽었다는 것을 잊어버리고 "이 책 괜찮네, 읽어보자" 하면서 사기도 한다.

여러분이 어렸을 때부터 읽은 책 중에서 지금까지 기억하는 책은 과연 몇 권이나 되는가? 유치원에 다닐 때 많은 그림책을 읽었을 것이고 중·고등학교 때는 많은 교과서와 참고서들을 읽었을 것이다. 그중에서 지금 기억하는 책이 얼마나 되는가? 교과서와 참고서에 쓰인 내용을 아무리 열심히 보았다고 해도 시험을 보고 난 후에는 다 잊어버렸을 것이다. 책은 원래 단기적으로만 영향을 미칠 뿐이다. 장기적으로 영향을 미치는 책이 있기는 하지만 그런 책은 굉장히 예외적이다. 그리고 단기적 영향을 미치는 것은 책뿐만이 아니다. 영화, 연극, 노래, 음악, 책, 미술 등의 문화 상품은 원래부터 단기적 영향을 미친다.

자기계발서 역시 단기간에만 영향을 미칠 뿐이다. 그리고 그 단기간 동안 기분을 좋게 해준다. 단기간 기분을 좋게 해준다며 자기계발서를 비판하는 것은 사실 비판이 아니다. 자기계발서가 다른 분야의 책들보다 사람들에게 실질적으로 더 도움이 된다는 사실을 보여주는 언급이다. 자기계발서는 기분을 좋게 해준다. 아주 좋은 자기계발서는 감동도 준다. 그리고 형편없는 자기계발서에서는 아무런 감정도 느낄 수 없다. 하지만 대다수 자기계발서는 기분을 좋게 해준다. 비록 단기간이기는 하지만 기분을 좋게 해주는 효과가 있다.

그런데 자기계발서 외에 '이 책을 읽으면 기분이 좋아지겠지'라는 생각이 드는 책이 있는가? 문학 작품 중 명작을 읽으면 기분이 좋아지는가? 일반적으로 볼 때 명작이라 일컬어지는 문학 작품들이 희극적인 내용인가, 비극적인 내용인가? 명작은 대부분 비극이다. 명작들은 굉장히 수준 높은 작품이기는 하지만, 그래서 감동을 얻기도 하지만 기분이 좋아지는 줄거리는 아니다. 《레 미제라블》은 마지막에 장발장이 죽고, 《안나 카레니나》 또한 마지막에 여주인공이 죽는다. 《바람과 함께 사라지다》는 연인 간의 이별로 끝나고, 《폭풍의 언덕》도 행복한 결말이 아니다. 셰익스피어의 주요 작품은 4대 비극이고, 《파우스트》는 주인공이 결국 악마의 손아귀에서 벗어나지만 마냥 행복한 결말은 아니다. 그리고 사회과학이나 인문학 서적은 무언가를 배우기 위한 책이지 기분 좋으라고 읽는 책은 아니다. 자연과학 서적은 말할 것도 없다.

우리는 TV에서 정보를 얻고 싶으면 뉴스나 '동물의 왕국' 같은 다큐멘터리를 본다. 감동적인 스토리를 원할 때는 영화나 드라마를 본다. 그리고 마냥 웃고 즐기고 싶으면 예능 프로를 본다. 여러분이 원하는 내용에 따라 보려는 프로그램이 달라진다.

마찬가지다. 책을 읽으려고 할 때도 여러분이 생각하는 책을 읽는 목적이 있다. 무엇인가를 배우고자 해서 책을 읽는 경우가 있고, 감동을 얻기 위해서 읽는 경우가 있다. 하지만 마음을 쉬고 기분을 좋게 하려고 책을 읽을 때도 있다. 그런데 책 중에서 읽으면 기분이 좋아지는 책 장르는 그리 많지 않다. TV에는 기분을 좋게 해주고 웃게 해주는 예능 프로들이 굉장히 많이 있지만 책 중에는 좋은 기분을 보장해 주는 장르가 거의 없다.

아마 만화를 제외하고는 자기계발서가 유일할 것이다. 자기계발서를 읽으면 기분이 좋아진다. 이 말은 자기계발서에 대한 비판이 아니라 최고의 찬사다. 일반적으로 '이 책을 읽으면 기분이 좋아질 것이다'라고 보장해주는 책은 자기계발서 외에는 없다.

내가 자기계발서를 읽기 시작한 것은 책을 읽으면서 쉬기 위해서였다. 매일 학술 서적, 학술 논문만 읽다 보니 쉴 필요가 있었다. 무거운 내용의 책만 읽다 보니 기분이 좋을 일이 없다. 그런데 쉽게 읽을 수 있고 읽으면 기분도 좋아지는 책을 찾아보니 자기계발서밖에 없었다. 그래서 자기계발서를 읽기 시작한 것이다.

기분이 좋아지는 책은 가치가 없을까? 아니, 웬만한 학술 서적들보다 오히려 자기계발서가 더 나았다. 좋은 학술 서적들은 재미도 있고 도움도 많이 된다. 그런데 가치 없는 학술 서적들은 새로이 주는 지식도 없고 재미도 없다. 시간과 에너지를 빼앗기만 하는 가치 없는 학술 서적들이 무수히 많다. 그런데 자기계발서는 큰 에너지를 빼앗지 않으면서도 기분을 좋게 해주는 효과가 있다. 이런 이유로 아무런 효과도 주지 못하는 학술 서적보다는 차라리 자기계발서가 낫다.

자기계발서는 단기간만 기분을 좋게 해주는 책이다. 하지만 그것은 모든 문화 상품의 공통적인 속성이다. 그리고 기분을 좋게 해주는 것 자체만으로도 가치가 있다. 단기간 기분을 좋게 해준다는 것은 비판이 아니라 칭찬이다.

덧붙여 자기계발서가 단기간 기분을 좋게 해준다면 자기계발서를 계속 읽으면 장기간 기분이 좋을 수 있다는 뜻이다. 자기계발서를 계속 읽으면 평생을 기분 좋게 지낼 수 있다. 평생 기분 좋은 감정을 유지하고 싶은가? 그럼 자기계발서를 계속 읽으면 된다. 평생 좋은 기분을 보장할 수 있는 책은 자기계발서밖에 없다.

자기계발서는 좋은 책, 명저가 아니다?

사실 자기계발서가 명저는 아니다. 책을 판단하는 기준에서 볼 때 자기계발서는 좋은 책이 아니라는 뜻이다. 책의 역사에서 명저라고 일컬어지는 것은 인간의 사고방식을 넓혀주는 책이다. 그동안 사람들이 생각하지 못했던 것 또는 알지 못했던 것을 새로 발견해서 처음 소개한 책이 좋은 책들이다. 이런 책들이 소위 명저로 불린다. 사회과학에서 명저로 일컬어지는 책으로 애덤 스미스의 《국부론》이 있다. 《국부론》이 나오기 전의 유럽은 국가의 발전을 위해서는 국가가 적극 개입해야 한다는 사고방식을 지니고 있었다. 소위 중상주의다. 그러나 애덤 스미스는 《국부론》에서 국가의 진정한 발전을 위해서는 국민 개개인이 자율적으로 상업 활동을 해야 한다고 주장했다. 소위 시장경제주의이다. 애덤 스미스의 《국부론》은 시장경제주의를 이 세상에 처음으로 제시한 책이다. 그래서 명저다.

찰스 다윈의 《종의 기원》은 진화론이란 개념을 처음으로 세상에 보여준 책이다. 다윈 이전에는 모든 생물이 하느님에 의해서 창조되었다고 생각했다. 그런데 다윈의 진화론은 모든 생물이 환경에 맞추어 진화했다는 것을 보여주었다. 현재 존재하는 모든 생물은 과거의 생물에서 진화된 결과물이라는 것이다. 진화론이 과학적으로 타당한 이야기인가에 대해서는 아직도 이런저런 논란이 많다. 하지만 이런 진화론적 개념은 다윈의 《종의 기원》에서 처음 제시되었다. 그래서 《종의 기원》은 명저다.

다른 책들도 다 마찬가지다. 지그문트 프로이트의 《꿈의 해석》은 인간의 무의식이 중요하다는 것을 처음 제시했다. 토머스 맬서스의 《인구론》은 세상을 움직이는 힘에서 인구의 크기가 중요하다는 것을 처음 주장했다. 피터 드러커의 《매니지먼트》는 경영이라는 개념을 처음 논의한 책이다. 이처럼 그동안 없었던 개념을 처음 만들고 새로운 사고방식을 제시한 책이 명저가 된다.

문학도 마찬가지다. 명저로 일컬어지는 데이비드 로런스의 《채털리 부인의 사랑》은 지금 읽어보면 이 책이 왜 명저인지 이해하기 어렵다. 내용이 특별한 것도 아니고, 줄거리가 특이한 것도 아니다. 그런데 왜 이 책이 명저인 걸까? 지금은 육체적 사랑을 추구하는 것이 그렇게 특별한 이야기가 아니다. 하지만 이 책이 처음 발간된 1920년대에는 이성적인 사랑, 정신적인 사랑, 순수한 사랑만을 이야기할 때였다. 육체적 사랑을 위해서 이성적 사랑을 포기하는 것은 있을 수 없는 일이었다. 그런 시대적 상황에서 육체적 사랑을 이야기했다. 그래서 《채털리 부인의 사랑》은 명저다. 이처럼 그동안 알아차리지 못했던 인간의 감정, 현실을 명시적으로 드러낸 문학 작품이 명저다. 결국 사회과학이든 자연과학이든 문학이든 다 마찬가지다. 인간의 상상력을 넓혀주는 책, 새로운 개념을 제시한 책, 그동안 알지 못했던 인간 감정을 보여준 책들이 명저가 되고 고전이 된다. 이러한 책들을 읽는 것은 인간과 세상에 대한 이해의 폭을 넓혀주고, 사고의 깊이를 더해준다. 정말 우리에게 도움이 되는 좋은 책이다.

그런 면에서 대다수 자기계발서는 명저가 아니다. 아니 명저와 비교할 수도 없다. 단순히 좋은 책이라고 하기도 어려운 책들이다. 우선 자기계발서는 인간에 대한 새로운 생각을 제시하지 않는다. 기존에 있던 이야기들을 짜깁기해서 만든 책들이 대부분이다. 그리고 설사 다른 책들에는 없는 새로운 이야기를 하더라도, 그 이야기는 인류 전체에 적용되는 이야기라기보다 몇몇 특수한 개인의 경험에 불과하다. 일반화하기가 어려운 이야기들이 많다. 최근 자기계발서에서 가장 많이 논의되는 사람은 스티브 잡스다. 물론 스티브 잡스는 위대했다. 그러나 스티브 잡스가 보통 사람들의 모델이 될 수 있을까? 스티브 잡스는 정말 특수한 사람이다. 가정환경도, 성격도, 업적도, 그리고 그를 둘러싼 시대적 배경도 모두 특수했다. 보통 사람과 달랐다. 이런 특수한 사람의 이야기는 보통 사람들에게 일반화되기 어렵다. 스티브 잡스를 이야기하는 자기계발서는 인간 자체를 이야기하는 것이 아니라 특수한 몇몇 사례를 이야기하고 있을 뿐이다. 이렇게 몇몇 특수한 경우에만 적용되는 이야기를 하는 책은 명저가 될 수 없다.

일반적으로 책을 평가하는 객관적인 기준에 의하면 자기계발서는 좋은 책이 아니다. 그건 분명하다. 그런데 책을 평가하는 기준에는 객관적 기준만 있는 게 아니라 주관적인 기준도 있다. 주관적인 기준은 책을 읽는 사람 개인에게 주는 영향이다. 책을 읽은 사람에게 재미와 유익을 주면 그 책은 좋은 책이다. 이렇듯 책을 읽은 사람이 주관적으로 어떻게 생각하는가에 따라 책을 평가하는 기준도 있다.

객관적인 기준에서는 책이 인류 전체에 기여하는 측면을 고려한다. 그런데 주관적인 기준에서는 인류에 대한 기여 같은 것은 고려하지 않는다. 그저 자신에게 좋고 도움이 되면 좋은 책이다. 아무리 명저라고 해도 내가 읽었을 때 아무런 감동도 받지 못했다면 의미가 없다. 그리고 아무리 사회적 평가가 낮은 책이라고 해도, 내가 읽었을 때 감동을 얻었다면 최소한 내게는 좋은 책이다.

물론 개인적인 감흥은 완전히 주관적이다. 사람마다 느끼는 감정이 모두 다르다. 나는 감동했지만, 다른 사람들은 아무런 감동도 느끼지 않을 수 있다. 이럴 때 이 책은 내게는 좋은 책이지만 다른 사람들에게는 의미 없는 책이다.

주관적인 기준으로 자기계발서를 평가한다면, 자기계발서가 좋지 않은 책이라고 단정하기 어렵다. 아니, 주관적인 기준에 의하면 자기계발서는 실로 좋은 책이다. 일반적인 사람들에게 정말로 감동을 주고 흥미를 일깨워주는 책은 소위 사회에서 말하는 명저들이 아니라 자기계발서다.

솔직히 말해보자. 여러분은 명저들을 몇 권이나 읽어보았는가? 그리고 그런 명저들을 읽었을 때 정말 그 책의 내용이 좋다고 생각했는가? 책을 읽고 정말로 감동했는가?

사실 명저를 읽고 감흥을 느끼기는 쉽지 않다. 사회과학, 자연과학의 명저들은 새로운 개념을 제시한 책들이다. 이 책들이 처음 발간될 당시에는 새롭고 신기한 생각들이었다. 그래서 사회적으로 이슈가 됐다. 하지만 오늘날 사람들에게는 특별한 사고방식이 아니다. 그 책은 읽지 않았지만 기본 개념은 모두가 다 알고 있다. 다윈의 진화론은 이미 모든 사람이 알고 있는 개념이다. 이렇게 기본 개념을 알고서 그 명저들을 읽으면 별 감흥이 없다. 그저 명저라기에 읽는 것이지, 재미있어서 또는 감동해서 읽는 건 아니다.

문학도 마찬가지다. 소위 명저라는 괴테의 《파우스트》를 읽으면서 몇 명이나 감동했을까? 물론 감동한 사람들도 있을 것이다. 하지만 많은 사람은 내용 자체를 이해하지 못한다. 어려워서 끝까지 읽지도 못한다. 풍자 소설로서 굳건한 고전의 위치를 차지하고 있는 《캉디드》를 읽으면서 감명을 받을 사람은 오늘날 별로 없을 것이다. 이 책들은 분명히 명저이고 고전들이다. 하지만 지금 이 고전들을 읽고서 우리가 그 책의 내용에 흥미를 두고 재미를 느낄 수 있느냐 하면, 대개는 그렇지 않다. 지금 읽어도 재미있고 지적인 흥미를 느낄 수 있는 고전은 그렇게 많지 않다. 이런 책들은 객관적으로는 큰 가치가 있지만, 주관적인 가치는 거의 없다.

오늘날의 출판 시장에서 자기계발서가 큰 비중을 차지하는 이유는 자기계발서를 읽었을 때 무언가 느낌이 있기 때문이다. 재미가 있든 유익하든 아니면 새로운 것을 알게 하든, 어떤 식으로든 독자에게 도움을 주기 때문이다. 질적으로 좋은 책인가? 질적으로 좋다고 할 만한 자기계발서는 극히 드물다. 하지만 독자들이 재미있게 읽을 수 있는 책이냐고 묻는다면, 대부분 자기계발서는 쉽고 재미있게 읽을 수 있다. 사실 지금 서점에서 살 수 있는 책 중에서 자기계발서만큼 재미있는 책은 드물다. 어쩌면 책을 읽는 흥미를 불러일으킬 수 있다는 것만으로도 자기계발서는 충분한 가치가 있다. 주관적인 가치로 판단했을 때, 자기계발서만큼 가치 있는 책은 많지 않을 것이다.

자기계발서는 수준 낮은 책이다?

　자기계발서는 읽기가 쉽다. 사실 좋은 책들은 읽기가 어려운 경우가 많다. 고전으로 인정받는 책, 그리고 학술상을 받은 책, 사회현상을 설명하고 해석하는 사회과학 서적은 문장 자체가 어려운 책들이 많다. 자연과학과 관련된 책 중에는 문장도 문장이려니와 내용 자체도 쉽게 읽기 어렵다. 좋은 책들은 이렇듯 내용뿐만 아니라 문장도 어느 정도 수준이 있어야 이해하고 읽어낼 수 있다. 그런데 자기계발서는 굉장히 읽기가 쉽다. 책도 두껍지 않은 편이고, 문장도 쉽다. 내용도 그렇게 어렵지 않다. 많은 자기계발서가 쉽게 읽힌다. 그래서일까? 자기계발서는 종종 수준 낮은 책으로 여겨진다. 좋은 책을 읽고 지적 수준을 넓히고자 하는 사람들이 보기에는 내용이나 문장 수준이 낮다. 그래서 이런 사람들은 자기계발서를 추천하지 않는다.

이 부분에 대해서는 사실 할 말이 없다. 나 또한 이전에는 자기계발서를 제대로 된 책으로 인정하지 않았다. 자기계발서의 가치를 전혀 인정하지 않았다. 내 직업은 교수다. 박사 학위를 받고 교수가 되기 위해서는 논문을 써야 한다. 논문을 쓰기 위해서 전공 서적을 읽고 논문집을 읽는다. 사실 내가 가장 많이 읽은 책들은 이런 전공 서적들과 논문집이다. 일반 서적에 비해 전공 서적들은 읽기가 어렵다. 더구나 논문의 문장과 내용은 가장 어려운 글 형식으로 쓰였다고 봐도 과언이 아니다. 그런 글들을 읽다가 자기계발서를 읽었으니, 내게도 자기계발서는 제대로 된 책처럼 보이지 않았다. 논문집을 읽다가 자기계발서를 읽으면 주된 내용도 별로 없이 장식적인 말만 많다. 자기계발서는 술술 읽힌다. 전공 서적을 읽을 때는 문장을 읽으며 깊이 생각해야 하는데, 자기계발서는 생각할 필요도 없다. 그저 줄줄 읽으면 된다.

내가 자기계발서를 읽기 시작한 이유는 생각하기 위해서가 아니라 머리를 식히기 위해서였다. 전공 서적, 논문집을 읽다가 머리가 아파지면 머리를 쉬게 할 필요가 있었다. 이럴 때는 만화를 보거나 간단한 소설을 보았다. 이때의 목적은 그야말로 머리를 쉬게 하는 것이다. 자기계발서는 이런 목적에 딱 맞았다. 내용도 쉽고 별로 생각할 것도 없고, 그러면서 나름대로 재미도 있다. 내가 자기계발서를 보게 된 계기는 그런 이유였다. 하지만 자기계발서의 내용이 정말로 좋거나 타당한 근거가 있다고는 생각하지 않았다. 자기계발서를 읽으면서도, 자기계발서가 좋은 책이라고 생각하지는 않았다. 만화와 같은 심심풀이용으로 생각했다.

　지금은 생각이 전혀 달라졌다. 자기계발서가 수준이 낮다고 생각한 것은 잘못이었다. 일단 자기계발서의 수준은 굉장히 다양하다. 수준 높은 자기계발서도 있고, 수준 낮은 자기계발서도 있다. 읽기 어렵고 고민해야 하는 자기계발서도 있고, 쉽게 읽히는 자기계발서도 있다. 자기계발서는 굉장히 많이 나와 있고, 그리고 그 수준도 다양하다. 그럼에도 자기계발서가 쉽고 수준 낮은 책이라고 생각했던 이유는 내가 쉽고 수준 낮은 자기계발서만 찾아서 읽었기 때문이다.

　빅토르 위고의 유명한 소설 《레 미제라블》은 수준 높은 책인가, 수준 낮은 책인가? 나는 처음에 《레 미제라블》을 《장발장》으로 읽었다. 《장발장》은 《레 미제라블》을 초등학생 수준에 맞게 요약 정리해서 만든 책이다. 《장발장》은 쉽고 재미있는 책이다. 빵 하나를 훔치고 억울하게 19년간 감옥살이 한 불쌍한 사람의 이야기다. 그러다 대학생 때 600쪽 분량의 《레 미제라블》을 읽었다. 이때는 감동했다. 《레 미제라블》은 가난한 사람들이란 뜻이다. 가난한 사람들의 삶이 주인공이다. 장발장만을 이야기하는 소설이 아니었다. 장발장에게 초점을 맞춘 초등학생용 버전이 전부가 아니었다. 그리고 2012년 영화 〈레 미제라블〉이 상영되고 난 후 5권짜리 《레 미제라블》 완역본을 읽었다. 이때서야 《레 미제라블》의 진짜 내용을 알 수 있었다.

　《레 미제라블》은 하나의 줄거리를 가지고 있다. 하지만 초등학생용 《레 미제라블》, 중·고등학생용 《레 미제라블》, 일반인을 위한 《레 미제라블》, 그리고 완역본 《레 미제라블》은 모두 다르다. 이때 초등학생용 《레 미제라블》을 읽고서 내용이 쉽다고 생각하면 잘못된 판단이다. 중·고등학생용 《레 미제라블》을 읽고 나서 소설 수준이 낮다고 하는 것도 맞지 않다. 이런 책들은 독자의 수준에 맞추어서 내용을 수정한 것이다. 쉽게 읽힐 수 있도록 조정한 것이다. 그렇게 쉽게 쓴 것을 가지고, 원래의 내용 자체가 수준이 낮은 것으로 생각하는 것은 오해다.

자기계발서도 마찬가지다. 현대에 들어서서 최초로 발간된 자기계발서는 《나폴레온 힐 성공의 법칙(The Law of Success)》이다. 이 책은 나폴레온 힐이 강철왕 카네기의 도움과 지원을 받아 20년간 연구해서 낸 책이다. 정말 다양한 사례와 내용이 들어가 있다. 책 두께도 만만치 않다. 한국어 번역본은 780쪽이 넘는다. 문장도 쉽지 않다. 이 정도면 거의 학술서 수준이다. 그러나 이렇게 800쪽에 육박하는 책은 일반인들이 읽기 어렵다. 그래서 내용을 요약해서 책의 분량을 줄인 뒤 따로 출판했다. 그다음에는 쉽게 읽히도록 쉬운 문장으로 편집한 또 다른 판본이 나왔다. 다른 작가들은 이 책에 쓰인 내용을 자신만의 문장과 사례를 곁들여 읽기 쉽고 전달력이 좋은 책으로 다시 쓴다. 이러한 과정을 거쳐 어떤 독자든 쉽게 읽고 이해할 수 있는 자기계발서들이 나온다.

많은 자기계발서가 이런 식으로 쓰였다. 검증되고 제대로 연구된 주제를 다룬 원본이 있다. 하지만 그 원본은 보통 사람들이 쉽게 접근해서 읽기 어렵다. 자기계발서 작가들은 그 원본에 접근해서 내용을 파악한 다음, 일반인들이 좀 더 쉽게 이해하고 읽을 수 있도록 풀어쓴다. 일반 독자들은 그렇게 변형된 이야기를 읽는다. 하지만 그 내용 자체가 수준이 낮은 것은 아니다. 내용 자체는 여러모로 연구되고 검증된 이야기들이다. 다만 오늘날 우리가 읽는 대부분의 자기계발서는 어렵게 연구된 내용을 쉽게 전달하고 있을 뿐이다.

말콤 글래드웰의 유명한 베스트셀러인 《아웃라이어》를 보자. 이 책에는 '1만 시간의 법칙'이라는 게 나온다. 1만 시간의 법칙을 간단히 요약하면, 한 분야에서 전문가가 되기 위해서는 1만 시간의 노력이 필요하다는 것이다. 《아웃라이어》에서 1만 시간의 법칙을 이야기한 다음에 1만 시간의 법칙은 전 세계적으로 유명해졌다. 그런데 이 1만 시간의 법칙을 말콤 글래드웰이 처음으로 발견했을까? 말콤 글래드웰이 직접 연구하여 그 결과를 도출한 걸까? 그렇지 않다. 1만 시간의 법칙은 심리학자 앤더슨 에릭손 교수가 발견했다. 에릭손 교수는 수년간의 연구 끝에 1만 시간의 법칙을 발견했고 이를 논문으로 발표했다. 말콤 글래드웰은 이 논문에 쓰인 내용을 일반 사람들이 쉽게 이해할 수 있도록 《아웃라이어》란 책으로 풀어썼다. 그렇다고 해서 말콤 글래드웰의 《아웃라이어》가 수준 낮고 재미를 위해서 쓴 책이라며 깎아내릴 수 있을까? 《아웃라이어》가 쉽게 읽히는 책인 것은 맞다. 책의 문장이 심리학 학술지보다 수준이 낮은 것도 맞다. 하지만 1만 시간의 법칙이라는 그 내용까지 수준이 낮은 것은 아니다. 문장 수준이 어떻든 책의 수준이 어떻든, 1만 시간의 법칙은 그 자체로 충분한 가치와 의미가 있다. 문장이 쉽게 읽힌다고, 내용이 쉽다고 해서 그 가치까지 작아지는 것은 아니다.

많은 자기계발서가 쉽게 읽힌다. 문장도 평이하다. 그것은 분명한 사실이다. 하지만 그렇다고 해서 자기계발서들의 주장까지 수준이 낮은 것은 아니다. 초등학생을 대상으로 편집한 《레 미제라블》을 읽고 나서 《레 미제라블》이 수준이 낮다고 해서는 안 되는 것과 마찬가지다. 자기계발서는 단지 어려운 학술적 내용을 일반 사람들이 쉽게 읽을 수 있도록 풀어서 쓴 책일 뿐이다.

만일 자기계발서의 문장과 내용의 수준이 너무 쉽게 느껴져 불만이라면, 자기계발서가 다른 내용이 소개된 학술지를 찾아서 보면 된다. 자기계발서에 소개된 예들은 거의 다 심리학 학술지, 경영학 학술지에서 처음 논의된 것들이다. 자기계발서에서 하는 이야기는 절대 수준 낮은 이야기가 아니다.

# 인생은 그렇게 간단하지 않다?

　자기계발서에 대한 또 다른 비판은 자기계발서는 삶을 너무 단순화한다는 것이다. 삶은 복잡하고 다양한 측면을 지니고 있다. 어느 한 가지로 말할 수 없는 게 인간의 삶이다. 어릴 때 읽은 동화에서나 단순한 삶의 모습이 등장한다. 착한 일을 하면 복을 받고 나쁜 일을 하면 벌을 받는다고? 하지만 삶은 그렇게 간단하지 않다. 착한 일을 해도 불행하게 살다 갈 수 있고, 나쁜 일을 해도 잘 먹고 잘살다 갈 수 있다. 착한 일을 하면 지금 당장 복을 받지는 않더라도 나중에는 반드시 복을 받는다고? 그러나 셰익스피어의 4대 비극 중 하나인 《리어왕》은 마지막에 이런 말로 마무리된다. "이 세상은 착한 사람이 항상 상을 받는 것도 아니고, 나쁜 사람이 항상 벌을 받는 것도 아니다."
　리어 왕에게는 3명의 딸이 있다. 첫째 딸과 둘째 딸은 리어 왕의 재산과 권력에만 관심이 있다. 하지만 셋째 딸 코델리아는 진심으로 아버지를 위하는 착한 딸이다. 코델리아는 거짓말을 안 하고 항상 진중하며 훌륭한 인격을 가진 사람이다. 그래서 아버지 리어 왕의 '나를 얼마나 사랑하는가'라는 질문에 '딸이기 때문에 아버지를 사랑한다'고 대답한다. 두 언니는 "저희는 아버지를 이 세상에서 가장 사랑합니다"라는 말로 아버지를 기쁘게 했지만, 코델리아는 "자식의 의무로 아버지를 사랑하고 존경합니다"라고 대답한다. 이 대답은 리어 왕이 원하는 대답이 아니었고, 그래서 리어 왕은 자신의 모든 재산을 두 언니에게 물려주고 코델리아를 내쫓았다. 리어 왕은 나중에 결국 두 딸로부터 쫓겨난다. 결국 코델리아가 가장 착했고 진심으로 리어 왕을 사랑했던 것이다. 하지만 코델리아는 결국 두 언니에게 죽임을 당한다. 가장 착하고 신실하고 훌륭한 여인이었지만, 끝까지 비극적인 삶을 살았다. 정말로 이 세상은 착한 사람이 항상 상을 받는 것도 아니고, 나쁜 사람이 항상 벌을 받는 것도 아닌 듯하다.

　셰익스피어가 세계적인 문학의 명장으로 지금까지 존경받는 이유는 인간 삶의 본질을 꿰뚫어보았기 때문이다. 일반 드라마나 소설에서는 인간의 삶, 그 자체를 말하지 않는다. 다만 많은 사람이 듣고 싶어 하는 이야기를 들려준다. 사실은 아니지만 많은 사람이 바라고 듣고 싶어 하는 이야기를 한다. 하지만 셰익스피어는 진실을 말한다. 셰익스피어 작품에는 착한 사람이 결국 복을 받는다, 정의는 반드시 승리한다는 식의 이야기가 없다. 세상은 그렇게 단순하지 않다. 돈을 가졌다고 반드시 행복해지는 것은 아니다. 권력을 획득했다고 반드시 멋진 인생을 사는 것도 아니다. 인간의 삶은 일률적으로 말할 수 없다.

인간의 삶은 이토록 복잡하다. 어떤 하나를 가졌다고 해서 행복해진다거나, 이것만 하면 좋아진다거나 하는 게 없다. 정말로 다양한 요소들이 우리의 삶에 영향을 미친다. 그런데 자기계발서는 너무 간단히 이야기한다. '이것만 하면 생활이 좋아진다', '이것을 하면 행복해진다'라고 삶을 단순화시켜 말한다. 어떻게 보면 인생을 보는 깊이가 얕다고 할 수 있다. 인생은 자기계발서의 말처럼 간단하지 않으며 자기계발서에서 하라는 것을 모두 한다고 해서 행복한 삶을 산다는 보장도 없다.

물론 이런 비판은 맞다. 인생은 복잡하다. 그리고 행복은 어느 한두 가지로 달성되는 것도 아니다. 또 행복은 주변 환경의 영향도 많이 받는다. 내가 아무리 훌륭하게 잘해도 부모가 병에 걸린다면 행복해질 수 없다. 내가 아무리 꿈을 달성한다고 해도 자식이 속을 썩이면 행복하지 않다. 내가 아무리 성과를 내고 열심히 일해도, 회사 거래처가 부도가 난다면 나의 성과는 아무 소용이 없어진다.

꿈을 달성하면 행복해질까? 많은 경우는 좀 더 행복해질 것이다. 하지만 꿈을 달성했지만 행복해지지 않은 사람도 많다. 이 세상에는 꿈은 달성했으나 불행해진 많은 사례가 있다. 로또 1등 당첨자들은 모두 복권에 당첨되고 싶다는 꿈을 이룬 사람들이다. 하지만 로또 1등 당첨자들이 끝까지 행복하게 살았다는 이야기는 많지 않다. 주변 사람들과의 불화, 돈 관리를 제대로 하지 못해서 도리어 경제적인 어려움에 빠지는 등 많은 부작용이 존재한다. 꿈을 달성했다는 것이 인생의 성공으로 바로 이어지는 것은 아니다.

사실 인생 전체를 성공적인 삶으로 이끄는 것, 그리고 행복한 삶은 평생을 두고 추구해야 할 과제다. 여기에 대해서는 누구도 정답을 주기 어렵다. 자기 자신에게 맞는 방법으로, 자기 자신이 원하는 것을 꾸준히 살펴보고 성찰해야 얻을 수 있다. 또 이 행복이라는 것은 워낙 주관적이어서 다른 사람이 이러쿵저러쿵 할 수 있는 것도 아니다.

많은 사람이 오해하는 게 있다. 자기계발서가 원래 하려는 이야기는 이 책을 따르면 행복해진다는 게 아니다. 물론 이렇게 이야기하는 책들도 있지만 이런 이야기는 부수적이다. 대부분의 자기계발서는 '이 책 내용을 따라 하면 더 높은 성과를 올릴 수 있다', '이 책을 읽으면 소득을 더 높일 수 있다', '이 책을 읽으면 꿈을 달성할 수 있다'는 것을 이야기할 뿐이다. 많은 사람은 소득이 더 높아지면, 혹은 꿈을 달성하면 행복해지리라고 생각한다. 그래서 자기계발서도 책을 마무리할 즈음 '행복해질 수 있다'라고 이야기하는 것이지, 자기계발서의 원래 이야기는 행복해지라는 게 아니다. '꿈을 달성하라', '성과를 높여라', '더 많은 돈을 벌어라'이다.

사실 나는 어떻게 하면 인생에서 행복해질 수 있는지 모른다. 어떻게 해야 성공적인 인생이 되는지도 모른다. 그래서 '이렇게 하면 행복해집니다', '이렇게 살면 성공적인 삶을 살 수 있습니다'라는 글은 쓸 수 없다. 하지만 어떻게 하면 벤츠를 살 수 있는지는 안다. 내가 이 책에서 주장하는 것은 '어떻게 하면 행복해지는가'가 아니다. '어떻게 하면 벤츠를 살 수 있는가'이다. 그리고 행복해지기란 복잡하고 어려운 일이지만, 벤츠를 사는 것은 복잡하고 어려운 일이 아니다.

벤츠를 산 다음에 그 사람이 더 행복해지고 성공적인 삶을 살게 될까? 그건 잘 모르겠다. 그 사람의 생활양식, 사고방식, 그리고 주변 환경의 영향을 받을 것이다. 하지만 벤츠를 산 다음에 어떻게 되는가와는 관계없이 그냥 벤츠를 산다는 것, 그 자체에도 의미가 있다.

토익 점수가 높으면 그다음에 행복해질까? 그것도 모를 일이다. 사람마다 다르다. 하지만 일단 토익 점수를 잘 받고 싶은 사람들은 많다. 그렇다면 '어떻게 하면 토익 점수를 잘 받을 수 있는가'와 관련된 지침은 의미가 있다. 그리고 어떻게 하면 토익 점수를 잘 받는가는 그렇게 어려운 이야기가 아니다. 하루에 몇 개 이상 꾸준히 영어 단어를 외우고, 일정 시간 이상 영어 문장을 읽고 듣고 말하면 된다. 어떻게 하면 행복해지는가는 복잡하지만, 어떻게 하면 토익 점수를 잘 받을 수 있는가는 간단한 이야기다.

대부분의 자기계발서는 좀 더 높은 성과를 올리는 것, 꿈을 달성하는 것을 주제로 이야기한다. 행복은 다차원적으로 고민하고 접근해야 할 주제지만 높은 성과를 올리는 것은 그보다 훨씬 단순하다. 자기계발서는 행복을 보장하지 않는다. 꿈을 달성하는 것을 보장할 뿐이다. 그리고 꿈을 달성하는 방법을 제시한다는 측면에서 자기계발서는 충분한 의미가 있다.

자기계발서를 읽은 사람이 다 성공하는 건 아니다?

자기계발서를 비판적으로 보는 시각 중 하나는 자기계발서를 읽는다고 해서 모두가 성공하는 것은 아니라는 것이다. 주로 이런 식의 비판이다.

자기계발서는 자기계발서를 읽은 많은 사람이 잘되었다고, 성공했다고 자화자찬한다. 그러나 똑같은 자기계발서를 열심히 읽었어도 아무런 변화가 없는 사람들도 많다. 자기계발서가 정말로 효과가 있는 것이라면 자기계발서를 읽은 사람들은 모두 잘되어야 한다. 그런데 막상 보면 자기계발서를 읽었지만 아무 변화도 없이 똑같이 사는 사람들이 더 많다. 그러니 자기계발서를 읽으면 더 성공한다는 말은 맞지 않다. 자기계발서를 읽는 건 인생에 큰 도움이 되지 않는다.

물론 맞는 말이다. 자기계발서를 읽었다고 해서 모든 사람이 변화하지는 않는다. 한국에서 자기계발서로 베스트셀러가 된 이지성 작가의 《꿈꾸는 다락방》을 보자. 《꿈꾸는 다락방》을 읽고서 인생이 바뀌었다는 사람들이 많이 있다. 그러면 《꿈꾸는 다락방》을 읽은 모든 사람이 전부 다 인생의 변화를 겪었을까? 분명 그렇지는 않다. 《꿈꾸는 다락방》은 100만 부가 넘게 팔린 자기계발서다. 그럼 100만 명이 넘는 사람들의 삶이 변화했어야 한다. 하지만 그렇게까지 되지는 않았다.

부자가 되는 법을 가르쳐주는 대표적인 자기계발서인 로버트 기요사키의 《부자 아빠 가난한 아빠》도 한국에서 100만 부가 넘게 팔렸다. 그리고 이 《부자 아빠 가난한 아빠》 덕분에 자기 삶을 되돌아보고 사고방식이 변화했다는 사람들도 많이 있다. 그러면 한국에서 이 책을 읽고 정말로 부자가 된 사람이 100만 명이 넘었을까? 책 읽은 사람이 100만 명이 넘었으니, 이 책이 정말로 효과가 있다면 100만 명이 넘는 사람이 부자로 바뀌어야 한다. 하지만 그런 일은 벌어지지 않는다. 분명 이 책을 통해서 부자가 된 사람도 있겠지만 소수라고 봐야 한다.

그렇다면 자기계발서를 읽은 사람 중에 실제로 변화한 사람이 많지 않으니 자기계발서는 필요 없는 책일까? 그렇지 않다. 사실 책은 그것을 이용하는 사람이 어떻게 책의 내용을 받아들이고 실천하는가가 중요하다. 한 번 읽어서 되는 것이 아니다. 그 책의 내용을 자신이 얼마나 공감하며 받아들였는지, 또 얼마나 실천했는지가 중요하다.

우선 묻자. 자기계발서를 읽고 나서 그 내용을 그대로 받아들이고 실천했는가? 그렇게 자기계발서에서 하는 내용을 모두 받아들이고 그대로 따랐는데도 아무런 변화가 없었는가?

만약 자기계발서가 하는 이야기들을 그대로 모두 실천했는데도 아무런 변화가 없었다면 자기계발서는 필요 없는 책이다. 하지만 자기계발서를 읽기는 했지만 내용을 실천하지 않았다면 그건 책의 잘못이라고 할 수 없다. 자기계발서의 내용이 틀려서 그런 게 아니라 책의 내용을 받아들이지 않고, 또 책의 내용을 실천하지 않은 독자의 한계 때문이다.

고등학교에 다니던 시절을 생각해보자. 나이대가 어떻게 되든 대부분 사람은 학생 때 《수학의 정석》으로 수학을 공부했을 것이다. 《수학의 정석》은 수학 분야의 베스트셀러이고, 또 정리가 잘된 좋은 책으로 일컬어진다. 그렇다면 《수학의 정석》이 그렇게 좋은 책이니 《수학의 정석》으로 공부한 사람은 모두 수학 성적이 좋았을까? 모두가 알고 있는 대로, 《수학의 정석》이 아무리 좋은 책이고 또 수학 공부의 바이블이라고 해도 《수학의 정석》을 읽은 모든 학생의 수학 점수가 90점 이상 나오는 일은 없다. 반에서 1등을 하는 학생도 《수학의 정석》을 보았고, 반에서 꼴찌를 하는 학생도 《수학의 정석》을 들고 다녔다. 《수학의 정석》을 읽은 것만으로 수학을 잘할 수 있다면, 수학 점수는 반 아이들 모두가 비슷하게 나왔을 것이다. 모든 학생이 《수학의 정석》을 보니, 점수도 거의 다 비슷해야 한다.

그러나 그렇게 되지는 않는다. 모두가 똑같은 책으로 공부하지만 수학 성적은 천차만별이다. 이런 차이는 《수학의 정석》이라는 책의 문제가 아니다. 이 책을 어떻게 얼마나 보고 익혔는가 하는 학생들의 문제다. 《수학의 정석》을 정독하고, 그 안에 있는 모든 문제를 풀고, 틀린 문제를 검토해서 다시 풀어내는 식으로 내용을 완전히 체득한 사람은 수학 시험에서 높은 점수를 받는다. 하지만 눈으로 한번 훑어보기만 하는 사람, 문제를 직접 풀지 않고 풀이 내용만 보는 사람, 틀린 문제를 다시 점검하지 않는 사람은 《수학의 정석》을 보았다고 해서 고득점을 얻지는 못할 것이다. 또 처음 몇 장만 보고 중간 이후부터는 펴보지 않은 사람도 수학을 잘하지 못했을 것이다.

영어도 마찬가지다. 한국에서 토익 공부를 하는 사람 중에서 점수를 잘 받는 사람이 공부하는 토익 책과 점수가 낮은 사람이 공부하는 토익 책이 다른 게 아니다. 모든 사람이 거의 유사한 책으로 공부한다. 설혹 토익 책이 차이가 있다 해도 얼마나 있겠는가? 대부분 유사한 수준이다. 하지만 이렇게 똑같은 토익 책으로 공부하는데도 토익에서 900점이 넘게 나오는 사람이 있고, 400점이 나오는 사람이 있다. 이런 차이는 토익 책 그 자체의 문제가 아니다. 그 책을 어떻게 공부하고 활용했느냐 하는 독자의 차이이다.

사회과학에서는 100퍼센트 확실한 것을 추구하지 않는다. 인간이 활동하는 사회에서 100퍼센트 확실한 게 별로 없기 때문이다. 자연과학은 100퍼센트 확실하다. 높은 곳에서 무거운 물체를 놓으면 100퍼센트 땅으로 떨어진다. 여기에는 예외가 없다. 만약 100번을 높은 곳에서 물건을 떨어뜨렸는데, 한 번이라도 물건이 땅으로 떨어지지 않고 옆으로 움직였다면 그것은 자연과학적 진리가 아니다. 99퍼센트는 땅으로 떨어졌지만, 1퍼센트만 다르게 움직였다면 99퍼센트의 확률을 가졌을 뿐이다. 자연과학에서는 이렇게 1퍼센트의 오류만 있어도 그 명제를 거짓으로 본다. 상대성원리가 작용하는 극미의 세계, 극대의 세계에서는 이러한 100퍼센트 확률이 적용되지 않을 수 있다. 하지만 우리가 일반적으로 경험하는 자연 세계에서는 100퍼센트의 확률을 요구한다. 그것이 자연과학의 세계다.

사회과학에서는 그렇지 않다. 어떤 현상이 50퍼센트의 확률로 이루어진다면 진리가 아니다. 50퍼센트의 확률이라면 운에 가깝다. 하지만 70퍼센트 정도의 확률이라면 사회과학에서는 충분히 진리로 인정된다. 자연과학에서는 절대 인정될 수 없는 확률이지만 그 정도면 사회과학, 인문학에서는 충분히 일반적으로 인정될 수 있는 명제다.

70퍼센트 정도의 확률이라면, 그 반대되는 경우가 30퍼센트나 된다는 이야기다. '자기계발서를 읽으면 분명히 나아진다'라는 것이 사회적으로 진리라고 하더라도 30퍼센트의 예외는 존재한다는 이야기다. 말이 30퍼센트지, 100만 명이 읽었으면 30만 명한테는 아무 소용이 없었다는 이야기가 된다. '나는 자기계발서를 읽었지만 아무 소용 없었다'라는 사례가 몇십 만 건이 된다는 이야기다. 그래서 사회과학, 인문학에서는 어떤 명제에 반대되는 사례들을 여러 개 제시하는 것은 큰 의미가 없다. 어떤 명제를 지지하는 사례도 충분히 구할 수 있고, 그 명제를 반대하는 사례도 충분히 구할 수 있다. 중요한 것은 전체적인 확률이 어느 정도 되느냐는 것이다. 30퍼센트 정도의 예외는 있지만, 70퍼센트 정도 타당성이 있다면 그 명제는 충분히 인정될 수 있다.

자기계발서를 읽는다고 100퍼센트 성공할 수 있는 것은 아니다. 하지만 대부분 자기계발서를 읽고 그 내용을 그대로 실천하면 무언가 나아진다. 자기계발서를 읽고 실천한다는 이야기는 행동이 변화한다는 뜻이다. 이 세상은 행동이 변화하면 분명히 어떤 외적인 변화가 일어난다. 행동이 변화하면 결과가 달라진다는 것은 사회과학의 명제가 아니라 자연과학의 명제다. 행동이 달라지면 분명히 무언가 달라진다. 100퍼센트 분명한 사실이다.

자기계발서를 읽고 나서 변화를 경험하지 못한 사람은 대부분 읽기만 하고 그 내용을 실천하지 않았기 때문이다. 《수학의 정석》에 나온 문제를 직접 풀어보았을 때 수학 실력이 오르지, 문제와 해답을 읽기만 해서는 아무리 읽어도 수학 실력이 늘지 않는다. 자기계발서를 읽었느냐, 읽지 않았느냐가 중요한 게 아니다. 자기계발서를 읽고 그 내용을 실천했는가, 그렇지 않은가가 중요하다. 자기계발서를 읽기만 하면 아무 효과도 얻을 수 없지만 읽은 내용을 실천하면 분명히 무언가 변화가 발생할 수밖에 없다.

 자기계발서는 세상 물정 모르는 이들의 책이다?

어린이들이 보는 동화는 보통 권선징악이 주요 내용으로 등장한다. 착한 사람은 복을 받고 나쁜 사람은 벌을 받는다. 그 속에는 이 세상을 착하게 살아야 한다는 교훈이 깔렸다. 그래서 동화는 어린이들이 읽어야 하는 책으로 인식되어 있고 어른들은 잘 읽지 않는다. 착한 사람은 복을 받고 나쁜 사람은 벌을 받는다는 아주 단순한 교훈은 정신이 어느 정도 수준에 도달한 어른들에게는 적합하지 않기 때문이다.

그러나 '착한 사람은 복을 받고 나쁜 사람은 벌을 받는다'는 이야기가 정말로 어린이들만을 위한 이야기일까? 나이 든 사람에게는 '착한 사람은 복을 받고 나쁜 사람은 벌을 받는다'는 이야기가 전혀 쓸모 없고 틀린 걸까? 그렇지 않다. 이 명제는 나이가 들었다고 적용할 수 없는 이야기가 아니다. 어른이 되었을 때 권선징악 이야기를 더는 읽지 않는 이유는 이미 어렸을 때 많이 들었기 때문에 말하지 않아도 이미 알고 있기 때문이다. 하지만 실제 사회에서 악한 일을 저지르는 사람들은 대부분 어른이다. 어린이들이 사회적으로 큰 악을 저지르는 경우는 거의 없다. 대부분의 나쁜 짓은 어른들이 나쁜 짓이라는 것을 알면서도 자신의 이익을 위해서 저지른 일이다. 사실 '착한 사람은 복을 받고 나쁜 사람은 벌을 받는다'는 이야기를 읽어야 할 사람들은 어린이들이 아니라 어른들이다. 실제 나쁜 짓을 하는 사람들을 대상으로 그러면 안 된다는 이야기를 해야 한다. 아직 나쁜 짓을 하지 않은 어린이들보다 현재 나쁜 짓을 저지르고 있는 어른들에게 들려주어야 할 이야기들이다. 즉 권선징악의 동화를 읽어야 할 사람은 어린이가 아니라 어른이다.

자기계발서는 이런 측면에서 동화와 비슷하다. 자기계발서를 아직 사회에 진출하지 않은 때 묻지 않은 학생이나 청년들을 위한 책으로만 알고 있는 사람들이 있다. 아직 사회에 본격적으로 진입하지 않은 학생들이나 청소년들을 위한 책으로 생각하고, 나이가 어느 정도 들어 세상살이를 안다고 느끼는 사람들은 자기계발서를 읽을 필요가 없다고 알고 있다. 또한 아직 자신의 전공 영역이 확실히 정해지지 않고 자기 업무가 없는 사람들이 미리 기반을 다지는 데 필요한 책으로만 생각한다. 이미 직장이 있고 자기 업무에서 확실한 기반을 가진 사람들은 전공 업무에 해당하는 책을 읽고 전문 지식을 더욱 증진시켜야 한다. 그래서 어느 한 분야에 대한 전공 지식이 없는 자기계발서는 굳이 읽을 필요가 없다고 생각한다. 그들은 자기계발서가 청년들만을 위한 책이라고 간주한다.

그러나 그렇지 않다. 자기계발서는 나이에 상관없이 감흥을 줄 수 있는 책이다. 아니, 오히려 젊은 사람들보다는 중장년층에 더 큰 도움을 주는 책이다. 사회에 아직 진입하지 않은 학생들이나 사회 초년생들보다는 이미 사회에서 충분한 자리를 가지고 있는 사람들에게 더욱 도움이 되는 책이다.

자기계발서에서 제일 처음 하는 이야기는 '목적을 가져라'라는 것이다. 자기 자신의 삶에서 '꿈을 가져라', '비전을 가져라'라는 것이 자기계발서에서 가장 중요하게 하는 말이다. 이런 말이 가장 필요한 사람은 이미 꿈을 가지고 있는 사람, 앞으로 무엇이 되고 싶은지 확실히 정한 사람이 아니다. 지금 현재 꿈이 없는 사람, 앞으로 특별히 되고 싶은 것이 없는 사람들에게 큰 울림을 주는 내용이다. 그렇다면 이러한 자기계발서가 가장 필요한 사람은 누구일까? 자기계발서에서 하는 이야기가 가장 부족한 사람들은 어떤 사람들일까?

초등학생에게 "너는 다음에 무엇이 되고 싶니?", "무엇을 하고 싶니?"라고 물어보라. 거의 모든 초등학생이 "나는 무엇이 되고 싶어요"라고 말할 것이다. 많은 어린이가 연예인이 되고 싶다, 가수가 되고 싶다, 의사가 되고 싶다, 과학자가 되고 싶다 등의 대답을 쏟아낼 것이다. 그것이 진정한 꿈인지는 차치하고서라도, 어쨌든 분명히 앞으로 자신이 이루고 싶은 꿈이 있다.

중·고등학생들에게 앞으로 무엇이 되고 싶으냐고 물어봐도 대부분은 쉽게 대답할 것이다. 실제 그 가능성은 적다고 생각할지라도, 일단은 자기가 이루고 싶은 걸 마음에 품고 있다.

대학생들에게 똑같은 질문을 해보자. 그러면 여기서부터는 현실적인 이야기들이 나온다. 많은 경우에 "취직을 하고 싶다", "어학연수를 가고 싶다", "돈을 벌고 싶다", "유학을 가고 싶다", "연애를 하고 싶다" 등의 말이 나올 것이다.

이렇게 아직 학생일 때는 대부분 앞으로 이루고자 하는 꿈이 있다. 그 꿈이 크고 작고의 차이는 있지만, 어쨌든 앞으로 하고 싶고 되고 싶은 목표가 있다. 그리고 그 목표에 대해서 고민도 많이 한다. 그 목표를 달성하기 위해서 영어 공부도 하고 학교 수업도 듣고 또 미팅이나 소개팅을 열심히 하기도 한다. 목표를 위해서 고민하고 몸을 움직인다.

그런데 30대 후반, 40대, 그리고 50대에게 "꿈이 무엇인가?"라고 물어보라. 이 나이대의 사람들은 "내 꿈은 이것이다"라고 확고하게 답변하는 경우가 극히 드물다. 순간적으로 멍한 표정을 짓는 사람들도 많다. 한참을 생각하고 나서 '돈을 더 버는 것', '여행을 가는 것', '승진하는 것' 등의 대답이 나온다.

하지만 바로 대답이 나오지 않고 한참 뜸을 들인 다음에야 대답이 나온다는 것은 평소에 줄곧 염두에 둔 꿈이 없다는 뜻이다. 평소에 목표로 삼고 노력하는 대상이 없다는 뜻이다. 대단히 아쉽게도 대부분 중장년층 사람들은 꿈이 없다. 다만 하루하루를 열심히 살아갈 뿐이다. 주어진 자신의 업무에 충실하게 일한다. 열심히, 그리고 성실하게 살고 있기는 하지만 꿈은 없다.

자기계발서가 가장 필요한 사람들은 이미 사회에서 자리 잡고 있는 30대, 40대 이상의 사람들이다. 10대, 20대들은 아주 작게라도 어쨌든 원하는 게 있다. 앞으로 어떻게 할 것인지를 고민한다. 그러나 사회에 들어가서 직장을 잡고 결혼하고 아이를 낳아 키우다 보면 꿈이 사라져버린다. 하루하루 생활을 유지하는 데 바빠서 미래를 구상하고 계획하지 못한다. 자기계발서가 가장 필요한 사람들은 바로 이런 사람들이다. 이전에는 꿈이 있었지만 지금은 꿈이 없어진 사람들, 그런 사람들에게 가장 필요한 게 바로 자기계발서다. 꿈을 가져라, 목표를 가져라, 그리고 비전을 만들라는 말이 가장 필요한 사람은 바로 이런 사람들이다.

현재까지 존재한 코미디언 중 가장 훌륭한 코미디언으로 꼽히는 찰리 채플린은 자신이 유명 코미디언이 될 수 있었던 비결로 '어렸을 때의 꿈을 끝까지 잃지 않은 것'이라고 언급했다. 어릴 때는 누구나 다 꿈이 있다. 하지만 나이가 들어갈수록 꿈이 사라진다. 설사 꿈이 있다고 하더라도 꿈의 크기와 강도가 점점 낮아진다. 하지만 진짜로 원하는 것을 얻기 위해서는 꿈을 계속 간직해야 한다. 나이가 들어서도 계속 꿈과 목표가 있어야 앞으로 나아갈 수 있다.

현실적으로 많은 사람들이 한 살, 두 살 나이를 먹을수록 꿈을 잃어버린다. 이들은 자기에게 더는 꿈이 없다는 사실을 스스로 느끼지 못한다. 목표가 필요하다는 것을 인식하지도 못한다. 자기계발서는 이런 사람들에게 다시 한번 꿈을 가지라고 이야기한다. 다시 한번 인생의 목표를 세우라고 말한다. 꿈을 꾸고 추구하는 것이 청춘이다. 자기계발서는 중장년들에게 다시 한번 꿈을 추구하는 청춘의 삶을 살라고 이야기한다.

이미 꿈이 확고한 사람들에게는 자기계발서가 큰 도움을 주지 못한다. 자기계발서는 꿈이 없는 사람들, 꿈이 있지만 그 꿈을 추구하지 못하는 사람들, 또 꿈을 추구하기는 하지만 제대로 추구하지 못하고 어영부영하게 꿈을 좇는 사람들에게 도움을 주는 책이다.

자기계발서는 청년들만을 위한 책이 아니다. 나이와 관계없이 꿈이 부족한 사람들 모두를 위한 책이다. 그리고 나이가 들수록 꿈이 없어지는 현실을 고려해볼 때, 나이가 들수록 더 필요한 책이다.

책을 읽는다고 현실이 바뀌는가?

자기계발서는 책이다. 책을 읽는 행위는 단지 책의 지식을 습득하는 일일 뿐이다. 그런데 과연 책을 읽는다고 현실의 삶이 좋아질까? 책을 읽는다고 현실이 좋아지지는 않는다. 책은 단지 책일 뿐이다.

조선 시대는 독서를 중시한 사회였다. 선비들은 평생 책을 읽었다. 과거 준비를 하느라 책을 읽었고, 과거에 합격한 이후에도 선비들은 늘 책을 가까이했다. 양반들은 책을 읽는 일이 직업이었다. 보통 농부들이야 평생 글을 읽지 않았지만 선비들과 양반들은 평생 글을 읽으며 살았다. 평생 과거 공부하느라 책을 읽고 외운 사람들도 있었고, 끼니를 걸러가며 책을 읽은 사람들도 많다.

만약 책을 많이 읽는다고 현실이 좋아지는 것이라면, 조선 선비들은 책을 많이 읽고 외웠으니 조선 시대는 좀 더 살기 좋은 사회였어야 하는 게 아닐까? 그런데 조선은 굉장히 가난한 사회였다. 매년 봄에는 식량이 떨어져 보릿고개를 겪었고, 일상적으로 하루 세 끼를 먹기가 어려운 사회였다. 책을 많이 읽는 사회였고, 독서가 사회에서 커다란 가치를 가진 일로 인정되는 사회였다. 책을 읽는다고 현실이 좋아진다면 조선 시대가 그렇게 가난할 리는 없다.

현대도 마찬가지다. 현대사회에서 책을 가장 가까이하는 사람들은 누구일까? 도서관 사서들이 책과 가장 가까운 사람들이다. 그리고 출판사 직원들이 책과 가깝다. 이들은 매일매일 책을 정리하고 읽는다. 하지만 매일 책을 대하는 도서관 사서가 남부럽게 잘살지는 못한다. 책을 가까이하고 매일 읽는 것이 현실에서 잘사는 것을 보장해주지는 못한다.

이런 말들은 맞다. 일반적으로 책을 읽는다고 현실이 좋아지지는 않는다. 하지만 나는 이 책에서 '책을 읽으면 현실이 좋아진다'고 말하는 것이 아니다. '자기계발서를 읽으면 현실이 좋아진다'고 말하는 것이다. 책을 읽으면 아는 것이 많아지고 지적 수준이 나아질지도 모른다. 하지만 현실적인 생활 수준이 나아지지는 않는다. 책을 아무리 읽어도 벤츠를 살 수 있을 만한 생활 수준은 될 수 없다. 하지만 책 중에서 자기계발서를 읽으면 현실의 물질적 생활 수준이 나아질 수 있다. 벤츠를 살 가능성이 생긴다.

책을 많이 읽는다고 생활 수준이 좋아지는 것은 아니다. 가장 좋은 예로 나 자신을 들 수 있다. 나는 책을 많이 읽는다. 아니, 읽을 수밖에 없다. 박사 학위를 받기까지, 또 교수로 생활하며 계속 논문을 쓰기 위해서는 많은 책을 읽을 수밖에 없다. 나로서는 책과 논문을 읽는 것이 직업에 가깝다. 보통 사람들이 직장에서 하루 8시간 근무를 하듯이, 나는 하루 8시간 동안 책과 논문을 읽고 정리했다. 정말 하루에 한 권의 책을 읽는다. 하루에 한 권을 읽으면 1년에 365권을 읽는 것이다. 이 정도면 어디에 가서도 책을 많이 읽는 사람이라고 말할 수 있는 수준이다.

그러면 그렇게 책을 읽어서 생활이 나아졌는가? 책을 많이 읽어서 박사 학위는 딸 수 있었다. 논문도 쓸 수 있었다. 하지만 그런다고 물질적인 수준이 나아지는 것은 아니었다. 일반적인 직장을 다니는 정도의 생활 수준은 이루었다. 하지만 그 이상은 불가능했다. 벤츠를 사는 것은 꿈도 꿀 수 없는 일이었다.

나만의 일은 아니다. 교수 중에는 정말로 책을 좋아하고 많이 읽는 사람들이 많다. 무엇보다 교수는 책을 읽는 일이 직업이다. 특히 인문학을 전공한 교수들은 깊이 있는 고전들을 다양하게 읽고 연구한다. 그런데 교수 중에서도 가장 수입이 적은 이들은 인문학 교수들이다. 차라리 공대, 사회과학, 경영 부문에서는 다양한 연구 프로젝트를 수행해서 부수입을 얻을 수도 있다. 하지만 가장 책을 가까이하는 인문학 분야의 학자들이 물질적인 부와는 가장 거리가 먼 생활을 한다. 책을 읽는 것은 지적 수준을 높여줄 수는 있다. 하지만 물질적 생활 수준을 높여주고 현실을 개선하지는 못한다.

자기계발서는 이야기가 다르다. 독서로 자기 생활이 변화했다고 하는 사람들이 읽은 책은 거의 다 자기계발서들이다. 자기계발서는 현실을 개선하는 효과가 있다.

사실 책은 단순히 지식을 습득하는 수단이 아니다. 만약 책이 지식을 전달하는 수단에 불과하다면, 책을 읽고 나서 생활이 변화하는 일은 거의 없을 것이다. 하지만 책의 진정한 의미는 지식 습득에 있지 않다. 책의 진짜 가치는 책이 사람의 사고방식을 변화시킨다는 점에 있다. 책은 그 사람의 사고방식에 영향을 미친다. 한 분야의 책을 계속 읽으면 그 사람의 사고방식에 영향을 미친다.

조선 시대 때 중국 소설의 고전인 《삼국지》, 《수호지》는 금서에 들어갔다. 《삼국지》는 중국 각지의 영웅들이 황제가 되려고 서로 다투는 이야기다. 《수호지》는 양산박 산적들의 삶을 그린 이야기다. 책이 단지 지식에 불과한 것이라면 《삼국지》와 《수호지》를 금서로 정할 필요가 없다. 책을 읽으면서 유비, 관우, 장비, 조조, 제갈량의 이야기에 재미있어하면 그만이다. 하지만 책은 그 사람의 사고방식에 영향을 미친다. 스스로 황제가 되고자 하는 사람의 이야기를 계속 읽으면 어느 순간 자기도 황제가 되고 싶어 할지도 모른다. 황제가 되고자 애쓰는 사람들의 이야기를 계속 읽으면, 누군가가 황제가 되겠다고 나섰을 때 이상하게 생각하지 않고 지지할 수도 있다.

조선 시대는 왕조였다. 왕이 아닌 다른 사람이 왕이 되려고 하는 것은 대역죄에 해당한다. 그런데 《삼국지》 같은 소설을 계속 읽으면 왕

족이 아닌 다른 사람이 왕이 되는 것에 거부감이 없어질 수도 있다. 책은 그렇게 읽는 사람의 사고방식에 영향을 미친다. 그래서 조선 왕조는 《삼국지》와 《수호지》 같은 소설을 금서로 정했다. 책은 단순히 지식을 전달하는 수단이 아니다. 그 사람의 사고방식에 영향을 미친다. 그리고 사고방식의 변화를 통해서 궁극적으로 그 사람의 행동에도 영향을 미친다.

물론 자기계발서만 사람의 행동을 변화시키는 게 아니다. 다른 모든 종류의 책들도 사람의 행동을 변화시킬 수 있다. 자기계발서와 다른 책들의 차이는 사람의 현실에 영향을 미치느냐, 그러지 않느냐의 문제가 아니다. 모든 책이 다 사람의 생활에 영향을 미친다. 문제는 '생활의 어떤 부분에 영향을 미치느냐'이다.

문학 책을 읽으면 사람의 삶을 이해하는 사고방식이 변화한다. 다양한 사람들의 삶과 생각을 인지하고 이해하는 힘이 생긴다. 사회과학 책을 읽으면 사회 현상에 대한 이해도가 깊어지고, 사회를 좀 더 깊이 해석할 수 있는 사고방식을 갖춘다. 이런 책들은 분명히 그 사람의 사고방식에 영향을 미친다. 그러면 이 책들이 현실도 변화시킬까? 그런데 이 책들은 사람의 사고방식은 변화시키지만, 현실 생활을 변화시키지는 않는다. 그 이유는 별다른 게 아니다. 문학, 철학, 사회과학 서적들은 원래 인간과 사회에 대한 이해를 높이는 것을 목적으로 하지, 생활 수준 특히 경제적인 부분의 향상을 목적으로 하지 않는다. 독자의 생활 수준을 향상하거나 독자들이 더 잘살게 하는 것을 목적으로 삼지 않는다. 그러므로 인문학이나 사회과학 서적들을 많이 읽는다고 해서 경제력이 나아지지는 않는다. 하지만 인문학, 사회과학 서적이 원래 목적으로 했던 것, 인간과 사회에 대한 이해를 높이는 일은 분명히 달성하게 해준다.

자기계발서를 읽으면 현실 생활이 달라지는 이유는 자기계발서가 특별한 책이라서 그런 것이 아니다. 자기계발서의 원래 목적이 독자들의 꿈을 달성하는 것, 현실 생활을 변화시키는 것이기 때문이다. 인문학 책을 많이 읽으면 인문학 책이 목적으로 삼은 인간에 대한 이해가 깊어진다. 사회과학 책을 많이 읽으면 사회과학 책이 목적으로 삼은 사회에 대한 이해력이 높아진다. 마찬가지로 자기계발서를 많이 읽으면 자기계발서가 목적으로 삼은 현실 생활의 변화가 이루어진다.

책이 그 사람의 사고방식을 변화시키고 궁극적으로 행동을 변화시키는 것은 원래부터 책의 성질이다. 자기계발서만 특별히 가지는 특성이 아니다. 자기계발서를 많이 읽으면 현실을 변화시킬 수 있다. 자기계발서를 많이 읽으면 현실이 좋아질 수 있다.

자기계발서는 얄팍한 마케팅의 산물이다?

최근 출판계가 불황이라고 한다. 사람들이 책을 잘 사지 않아 매출이 줄어들었다고 한다. 이렇게 출판 시장이 감소하는 와중에 그래도 좀 팔리는 책 분야는 자기계발서나 소설 분야다. 자기계발서가 최근 가장 유행을 타는 출판 분야이기 때문에 많은 사람이 자기계발서를 쓰려고 한다. 다른 분야의 책을 쓰면 책을 팔기가 어렵지만, 자기계발서를 쓰면 그래도 책이 팔린다고 생각한다. 사람들은 자기계발서를 써서 책을 팔려고 한다. 그래서 자기계발서는 책을 팔기 위한 수단으로 만들어진다는 비판이 있다.

하지만 나는 자기계발서가 책을 팔기 위한 수단으로 만들어진 책이라는 비판에 동의하지 않는다. 자기계발서가 책을 많이 팔기 위해서 만들어진 책이라는 말은, '난 책을 써서 돈을 벌고 싶어. 그럼 어떤 책을 쓸까? 자기계발서가 잘 팔린다고 하니까 자기계발서를 써야겠어'라는 생각으로 책을 쓴다는 이야기다. 하지만 책은 그런 식으로 쓸 수 없다. 어떤 사람이 '이 분야를 다뤄야지'라는 생각을 한다고 해서 바로 해당 분야의 책을 쓸 수 있는 사람은 거의 없다는 뜻이다.

여러분이 소설을 쓰고자 마음을 먹으면 소설을 쓸 수 있는가? 아무렇게나 소설을 쓴다면 쓸 수도 있다. 하지만 출판사에서 출간하고 싶어 할 정도의 수준으로 소설을 쓰는 것은 내가 마음먹는다고 해서 되는 일이 아니다. 지금도 많은 소설가가 출간을 위해서 힘을 쏟아붓고 있다. '소설을 출간해야지'라고 마음먹는다고 자신의 소설을 출판할 수 있다고는 아무도 생각하지 않을 것이다.

많은 사람이 이렇게 말한다. "나는 이러저러한 독특한 삶을 살아왔어. 내가 소설을 쓰면 몇 권이나 쓸 수 있어." 그러나 전 세계 소설가 중에서 단지 독특한 삶을 살았기 때문에 소설가로 성공한 사람은 없다. 차라리 자신의 삶을 그대로 적는 논픽션 책을 쓸 수는 있겠지만 소설을 쓰기는 어렵다. 독특한 삶을 산 사람은 한국에 몇십만 명이 넘겠지만, 1년에 단행본으로 출간되는 소설책은 얼마 안 된다. 그리고 이 소설책들은 모두 다 소설가에 의해서 출간되었지, 특이한 삶을 산 사람들이 쓴 것은 아니다.

전공 서적도 마찬가지다. 요즘 경제경영서가 잘 나간다고 해서 보통 글쟁이가 '지금부터 경제경영서를 써야지'라고 할 수 있을까? 전공 분야 책은 그 분야에 오래 몸을 담거나 이론적인 공부를 계속해오지 않은 이상 쓸 수 없다.

대학에서는 학기마다 강사를 구한다. 될 수 있으면 사회적으로 명망 있고 경험 많은 사람들에게 강의를 맡기고 싶어 한다. 그런데 막상 강사 섭외를 하다 보면 이런 이들에게는 한 학기 강의를 맡기기가 거의 불가능하다는 것을 알게 된다. 사회적으로 경험도 많고 실적도 있는 사람들은 2~3시간 특강은 굉장히 잘한다. 하지만 대학 강의는 3시간만으로 이루어지지 않는다. 한 학기 동안 계속, 일주일에 3시간씩 15주를 강의해야 한다. 이렇게 한 분야에 대해 15주를 계속 강의할 수 있는 사람은 찾기 어렵다. 최소한 박사까지는 공부한 사람이어야 15주 동안 강의할 콘텐츠를 가지고 있다. 박사까지 하려면 대학 4년, 석사 2년, 박사 과정 최소 3년 이상을 해야만 된다. 그 학문 분야에서 10년 정도의 경험을 쌓았다는 뜻이다. 어떤 분야에 대해 한두 마디 하는 것은 누구나 할 수 있다. 2~3시간 강의는 그 분야의 경험이 있으면 누구나 할 수 있다. 하지만 한 분야에 대해 15주 동안 강의하려면 직접적인 경험을 하든, 책을 통해 간접적인 경험을 하든 해당 분야에서 10년 정도의 경력이 있어야 한다.

책도 마찬가지다. 트위터에 글을 올리듯 어떤 분야에 대해 몇 마디 언급하기는 누구나 할 수 있다. 자기가 직접 알지 못하더라도 다른 사람에게 들은 말을 전달하는 수준으로도 가능하다. 하지만 10쪽 정도의 글을 쓰기 위해서는 어떤 식으로든 그 분야를 경험해보아야 한다. 그래야만 잡담 수준이 아닌 10쪽 분량의 콘텐츠가 나온다. 이 정도면 한두 시간 정도 강의도 가능하다.

  책을 쓰기 위해서는 해당 분야에 대해 300쪽 분량을 쓸 수 있어야 한다. 300쪽 분량은 한 학기 동안 강의할 수 있는 분량이다. 즉 책 한 권을 쓰려면 그 분야에 대해 10년 정도의 경험이 있어야만 한다는 뜻이다. 한 분야의 책을 쓴 사람을 그 분야의 전문가로 인정해주는 이유가 여기에 있다. 전문적인 지식이 있을 때만 그 분야의 책을 쓸 수 있다. 10년 동안 공부해서 박사 학위를 따는 것과 유사한 수준이다. 300쪽이 넘는 분량의 책은 마음먹는다고 해서 바로 쓸 수 있는 게 아니다.

  또한 책을 쓰는 사람 중에서 책을 써서 큰돈을 벌겠다고 하는 사람은 그렇게 많지 않다. 책은 자신의 명예를 위해서, 자신을 홍보하기 위해서 쓰는 것이지 돈을 벌기 위해서 쓰는 일이 아니다. 물론 책을 쓰는 것만으로 자신의 생계를 모두 해결하는 사람들도 있다. 이 사람들을 전업 작가라고 한다. 하지만 세계 어느 나라든 전업 작가의 수는 굉장히 적다. 한 국가에서 많아야 수십 명 정도만이 가능한 것이 전업 작가다. 한국에서도 책 인세 수입만으로 중산층 이상의 생활이 가능한 전업 작가는 손으로 꼽는다.

  소설 분야는 전업 작가를 지향하는 사람들이 꽤 많다. 하지만 자기계발서 분야에서 전업 작가를 추구하는 사람은 극히 드물다. 무엇보다 자기계발서를 쓰는 사람들은 대부분 자기 전공 분야에서 어느 정도 기반을 닦은 사람들이다. 자기 분야에서 어느 정도 위치를 잡은 사람들이 자기 경험을 바탕으로 '이렇게 하면 성공할 수 있다'라고 쓰는 게 자기계발서이다. 대표적인 자기계발서 작가들을 보라. 공병호 박사는 자기계발서 작가가 되기 전에 이미 자유기업원 원장으로 한국의 대표적인 시장경제 학자였다. 이시형 박사 또한 작가이기 전에 의사이다. 《부자 아빠 가난한 아빠》로 유명한 로버트 기요사키도 책을 쓰기 전에 이미 직장을 가지지 않아도 될 만큼 부자였다. 이 사람들은 이후에 책을 통해서 많은 돈을 벌었다. 하지만 책을 쓰게 된 동기는 돈을 벌기 위해서가 아니었다. 책을 쓰지 않아도 충분히 먹고살 수 있는 사람들이었다.

책은 한 분야에서 오랜 경험을 쌓은 후에만 쓸 수 있다. 그리고 자기계발서는 이미 한 분야에서 성공한 사람들이 자신의 성공 경험을 나누어주기 위해 쓴 것이지, '책으로 돈을 벌기 위해서'라는 개념으로 쓴 게 아니다. 그런데 자기계발서, 경제경영 분야에는 전문 작가들도 존재한다. 책을 쓰기 전에는 한 분야에서 성공한 사람이 아니었는데 책을 쓰고 나서 성공하게 된 경우다. 더구나 이들은 다작한다. 한 분야에서 깊이 있는 경험을 쌓아야 책을 쓸 수 있다고 했는데, 그런 특별한 경험이 없는 것처럼 보이는데도 여러 권의 책을 출간하는 사람들이 있다. '자기계발서를 써서 돈을 번다'는 비판은 보통 이런 사람들을 향한 것이다.

하지만 그런 사람들조차 책을 쓰기 이전에 어떤 삶을 살았나를 살펴보면, 수년간 책을 쓰기 위해서 계속 노력해왔다. 베스트셀러를 내기 전에 이미 여러 권의 책을 써왔다. 자기 전공 분야에서 어느 정도 자리를 잡은 사람이 한 권의 책을 써서 베스트셀러가 되는 경우는 있다. 이런 사람들의 책은 내용이 전문적인 수준이다. 하지만 책만 전문적으로 쓰는 사람들이 처음 한 권의 책을 써서 베스트셀러가 되는 경우는 드물다. 지난 수년 동안 계속 책을 써왔고, 그러면서 책 쓰기에 대한 내공을 기른 경우다. 그렇게 계속 책을 쓰면서 전문적인 지식을 늘려왔고, 책을 통한 의사소통 기술을 발전시켜왔다. 그런 과정을 거쳐서 자기계발서 작가로 섰다. 이때는 단순히 '돈을 벌기 위해서 책을 썼다'라고 비판할 수 없다. 책 쓰기에 대한 전문지식을 갖춘 전문가이기 때문이다.

사실 책을 쓴 사람의 동기는 우리에게 중요하지 않다. 책을 쓴 사람이 자신의 성공 경험을 나누어주기 위해서 썼든 돈을 벌기 위해서 썼든 아니면 그저 소일거리로 썼든 그게 무슨 상관일까? 그 내용이 우리에게 도움이 된다면 그 책은 충분히 가치가 있다.

삼성의 갤럭시는 원래 우리를 위해서 만들어진 것이 아니다. 애플의 아이폰 공세에 기존 피처폰들이 무용지물이 되자 망하지 않고 계속 돈을 벌려고 만들었다. 그러나 갤럭시를 만든 원래 이유가 무엇인지는 지금 우리에게 중요하지 않다. 좋으면 사용하면 될 뿐이다. 마찬가지로 책을 쓴 동기는 특별히 중요하지 않다. 그 내용이 우리에게 도움이 되느냐가 더 중요한 것이다.

4장

자기계발서, 어떻게 읽을 것인가

자기계발서는
100년의 역사를 가진 베스트셀러다

베스트셀러는 좋은 책일까, 그렇지 않은 책일까? 베스트셀러에 대해서는 2가지 시각이 존재한다. 하나는 베스트셀러는 그 시대의 독자에게 사랑받은 책일 뿐이지 좋은 책은 아니라는 시각이다. 베스트셀러는 대부분 그 시대의 사회적 상황에 맞아떨어져서 많이 팔린 책이다. 원래부터 그 책의 가치가 높고 좋은 책이라서 베스트셀러가 된 것은 아니다.

사실 많은 사람이 이런 경험을 한다. 베스트셀러로 불티나게 팔리고 있을 때 읽어보면 내용이 재미있고 유익한 경우가 많다. 그런데 베스트셀러 유행이 지나가고 몇 년 지난 후에 읽어보면 특별한 내용이 없다. 이 책이 이전에 왜 베스트셀러가 되었는지 이해할 수 없는 경우다. 이런 책은 내용이 좋은 책이라서 팔렸다고 할 수 없다. 그 시대적 상황, 사회적 환경, 독자의 요구에 맞아떨어졌기 때문에 베스트셀러가 되었다. 이러한 베스트셀러는 한때 유명세를 떨치더라도 사람들의 머릿속에서 곧바로 잊힌다. 대부분의 베스트셀러가 이렇게 한때 잘 팔리다가 곧 사라진다. 책 그 자체적으로 고유한 가치를 가지지 못했기 때문이다.

다른 하나의 시각은 베스트셀러는 그 시대적 상황과 고객의 수요를 충족시킨 것만으로도 충분히 가치가 있다고 보는 것이다. 책도 상품이다. 상품은 그 시대적 사명을 다하면 가치가 있다. 상품이 영원한 가치를 가져야 한다고 생각한다면 상품으로서의 책의 가치를 오해하는 것이다.

흑백텔레비전을 보자. 흑백텔레비전이 처음 나왔을 때는 획기적인 상품이었고 시대의 총아였다. 하지만 지금은 아무도 흑백텔레비전을 보지 않는다. 브라운관 흑백텔레비전은 아예 생산도 되지 않는다. 그러면 지금은 아무도 흑백텔레비전을 사지 않으니 가치가 없는 걸까?

컴퓨터 플로피 디스크는 10년 전만 해도 첨단 제품이었다. 많은 사람이 플로피 디스크를 이용해서 자료를 보관하고 정리했다. 하지만 지금은 USB, 웹하드 등을 이용하고 아무도 플로피 디스크를 이용하지 않는다. 플로피 디스크는 한때의 베스트셀러였지만, 이후에 완전히 사라졌다. 그러면 플로피 디스크는 컴퓨터 상품으로서 가치가 없을까? 아니다. 플로피 디스크는 사람들이 컴퓨터를 생활화하는 데 크게 기여했다. 그리고 플로피 디스크가 있었기에 그 이후에 각종 저장 장치들이 발전할 수 있었다. 지금 사용하지 않는다고 가치가 없는 것이 아니다.

베스트셀러도 마찬가지다. 이후에 그 책을 찾는 사람이 없고 읽는 사람이 없다고 해도, 베스트셀러에 오른 것 자체가 그 시대적 소명을 충분히 다한 책이라는 것을 말해준다. 그런 베스트셀러가 있었기에 사람들의 인식이 변할 수 있었고, 나아가 그 이후의 책들이 나올 수 있었다.

결국 베스트셀러에 대한 위 2가지 시각은 공통적으로 베스트셀러가 최소한 그 시대 사람들에게 어느 정도 도움을 준다는 사실을 인정한다. 한때의 사람들에게만 도움을 주느냐, 향후 계속 도움을 주느냐로 평가가 갈리기는 하지만, 어쨌든 한 시기에 사람들에게 도움을 준다는 사실은 인정한다. 베스트셀러는 한때의 사람들에게 도움을 준다. 그리고 대부분의 베스트셀러는 한때 베스트셀러였을 뿐 이후에는 보통 사람들의 뇌리에서 잊힌다. 그 시대의 사람들에게는 도움이 되었지만, 이후의 사람들에게는 도움이 안 되는 내용이기 때문이다.

그런데 어떤 베스트셀러는 어느 한 시기에만 베스트셀러인 게 아니라 계속해서 베스트셀러로 남기도 한다. 한 시기의 사람들만 그 책을 찾는 것이 아니라 시대를 초월해서 계속해서 그 책을 찾는 사람들이 있어서다. 이런 책들은 그 내용이 후대의 사람들에게도 도움을 준다. 시대를 초월해서 사람들에게 감명과 재미를 주는 책들이다. 드물기는 하지만 분명 존재한다. 가장 대표적인 것이 종교 관련 책들이다. 성서와 불경 관련 책들은 같은 내용이 계속해서 재생산되면서 팔리고 있다. 고전 문학도 마찬가지다. 《흥부전》, 《춘향전》, 셰익스피어의 희곡은 몇백 년이 넘도록 계속 읽히고 있다. 그리고 이렇게 시대를 초월해서 베스트셀러가 된 책 중 하나로 자기계발서가 있다. 자기계발서도 계속해서 베스트셀러로 남아 있는 책이다. 한 시대를 넘어서서 계속 사람들에게 도움을 주는 책이라는 뜻이다.

자기계발서가 몇백 년 동안 베스트셀러로 남아 있는 것은 아니다. 현대적 자기계발서가 이 세상에 나온 지는 100년 정도밖에 되지 않았다. 하지만 그 100년 동안 자기계발서는 계속해서 확대 재생산되면서 베스트셀러 자리를 지켜왔다. 항상 베스트셀러 집계에서 1등을 한 것은 아니다. 하지만 자기계발서는 꾸준히 팔리면서 책의 여러 종류 중 가장 잘 팔리는 부문 중 하나로 자리매김했다.

자기계발서가 이렇게 꾸준히 팔린다는 것은 자기계발서가 한 시대의 사람들에게만 도움이 되는 것이 아니라 시대를 초월해서 계속 사람들에게 도움을 주고 있다는 뜻이다. 한때 자기계발서가 유행해서 베스트셀러가 되었다고 하자. 그런데 자기계발서가 그 시대 사람들에게 실질적으로 아무 도움이 되지 않았다고 하자. 그러면 그다음 시대에 자기계발서가 잘 팔릴 수가 없다. 자기계발서가 겉으로만 번지르르하고 실제적인 도움이 되지 않았다면, 그리고 그 한 시대에만 맞을 뿐 보편적인 진리가 아니라면 자기계발서는 계속해서 베스트셀러로 남아 있을 수 없다.

독자는 바보가 아니다. 사리판단을 제대로 못하는 모자란 사람들이 아니다. 특히 집단 군중의 판단은 개개인의 판단보다 훨씬 더 뛰어나다. 수학이나 과학 분야에서는 소수의 천재가 군중의 판단을 넘어설 수 있다. 하지만 사회적 현상은 그렇지 않다. 아무리 똑똑한 사람이라고 해도 집단 군중의 판단을 넘어서지 못한다. 그런데 베스트셀러는 어느 한 개인에 의해서 만들어지는 것이 아니라 집단 군중에 의해서 만들어진다. 한 시대를 넘어서서 계속 베스트셀러가 되고 있다는 것은 그 이야기가 사람들에게 실질적으로 도움을 주고 있다는 것을 의미한다. 그렇지 않으면 계속해서 베스트셀러가 되는 것은 불가능하다.

한국에서만 자기계발서가 베스트셀러에 들어가고 다른 나라에서는 자기계발서가 안 팔리느냐 하면 그런 것도 아니다. 오히려 미국, 일본 등에서는 자기계발서의 위상이 우리나라보다 더 높다. 자기계발서가 사람들에게 실질적으로 도움을 준다는 것을 우리나라 사람들보다 더 잘 인식하고 있다.

물론 자기계발서 한 권이 계속 베스트셀러 자리를 차지하는 것은 아니다. 다른 자기계발서들이 계속해서 바통을 이어가며 총체적으로 베스트셀러로 남아 있다. 자기계발서이기는 하지만 같은 제목의 책이 아니라 다른 제목의 책이라는 이유로 비판할 수도 있다. 하지만 책 제목이 달라지고 저자가 달라진다고 해서 그 내용도 크게 변하는 것은 아니다. 목표를 세우고, 비전을 품고, 긍정적인 사고방식을 가지고, 실패해도 계속 시도하라는 등의 내용은 어떤 자기계발서도 똑같이 한다. 그것들을 표현하는 형식과 문체, 소개되는 사례들이 계속 변화할 뿐이지 근본적인 내용은 거의 같다.

우리나라에서 《삼국지》는 시대를 초월한 베스트셀러다. 하지만 시대별 베스트셀러는 다르다. 이전에는 나관중 원본 《삼국지》가 베스트셀러였고, 박종화본 《삼국지》, 고우영본 《만화 삼국지》가 베스트셀러였던 적도 있었으며 지금은 이문열본 《삼국지》를 많이 본다. 기본 내용은 같지만 세부적인 표현 방법은 조금씩 다르다. 자기계발서도 마찬가지다. 기본 내용은 유사하지만 세부적인 표현 방법과 사례가 달라진 채로 베스트셀러 자리를 유지하고 있다.

자기계발서가 세상에 나온 후에 계속해서 베스트셀러 자리에 남아 있다는 것은 자기계발서가 시대를 초월해서 사람들에게 도움이 되고 있기 때문이다. 한국에서만 베스트셀러 위치를 차지하고 있는 것이 아니라 미국, 일본 등 다른 나라에서도 베스트셀러에 있다. 이는 자기계발서가 국적을 불문하고 적용되는 보편적인 진리라는 것을 의미한다. 인간 모두에게, 그리고 시대를 초월해서 사람들에게 도움을 주고 있는 책이라는 뜻이다.

즉 자기계발서를 계속 읽으면 실질적 도움을 얻을 수 있다. 독자의 삶에 긍정적인 영향을 미친다. 이런 효과가 없었다면 지난 100년 동안 세계 모든 나라에서 계속해서 베스트셀러 자리를 유지할 수 없었을 것이다. 그럴 만한 효과가 있기 때문에 베스트셀러가 되었고 또 그 자리를 유지한다. 자기계발서를 읽으면 삶이 달라질 수 있다.

 계속 읽어라,
　　어느 순간 바뀐 인생을 만날 것이다

　세르반테스의 소설 《돈키호테》 이야기를 해보자. 주인공 돈키호테는 책을 좋아해서 줄곧 책만 읽었다. 그런데 읽은 책이 중세 기사들이 괴물들이나 악당들과 싸우는 이야기, 중세 기사와 귀부인의 사랑 이야기 등이었다. 이렇게 중세 기사들의 이야기를 계속 읽다 보니 중세 기사가 돈키호테에게 체화된다. 돈키호테의 마음에는 중세 기사의 이야기가 완전히 자리 잡았고, 나아가 자신이 중세 기사라고 생각한다. 그러니 행동도 중세 기사들의 행동을 닮아갔다.

　돈키호테는 현실을 전혀 돌보지 않고 중세 기사들의 책만 읽었다. 그러다 보니 자신을 중세 기사로 여기고 또 중세 기사의 행동을 따라 한다. 소설 속 돈키호테는 책만 읽다가 미친 사람의 전형을 상징한다. 돈키호테는 미치광이다. 책을 읽는 일이 사람의 생각과 행동에 영향을 미치는 힘을 보여주는 것으로 돈키호테만 한 사례가 없다. 책을 많이 읽으면 정말 책에서 이야기한 대로 생각하게 된다. 책을 많이 읽으면 정말 책에서 이야기하는 대로 행동하게 된다. 책을 읽는 일은 자신의 생각과 행동을 만드는 일이다.

인터넷 시대가 되면 사람들이 모든 정보를 인터넷상에서 찾지, 책을 읽지는 않을 거라는 주장들이 있었다. 이전에는 책을 사서 봐야만 정보를 얻을 수 있었다. 하지만 지금은 웬만한 자료는 모두 인터넷에 있다. 구글, 위키피디아, 네이버 등에서 원하는 정보를 검색하면 곧바로 얻을 수 있다. 책을 찾을 필요가 없다. 그렇게 많은 정보를 제공하면서도 별도의 돈은 받지 않는다. 인터넷 이용료만 내면 그 모든 정보를 쉽게 구할 수 있다. 이에 비해서 책은 한 권에 만 원이 넘는다. 그리고 책은 다 훑어보아야만 자기가 원하는 정보를 찾을 수 있다. 비용이나 노력 측면에서 볼 때 책보다 인터넷이 훨씬 더 효율적이다. 그래서 어떤 사람들은 정보를 얻을 때 인터넷을 활용하는 세태가 지배적이 될 것이며 궁극적으로 책은 사라질 것이라고 예상한다.

그러나 이러한 주장은 책의 본질이 무엇인가에 대해 한쪽 측면만 본 것이다. 책에는 크게 2가지 주요 기능이 있다. 하나는 정보를 저장하는 기능이다. 책에는 모든 자료를 담을 수 있다. 악보를 모아놓은 노래 책에는 인류가 만들어놓은 음악들이 저장되어 있으며, 여행 책에는 세계 각국의 여행 정보들이 담겨 있다. 맛집 책에는 맛있는 음식점에 대한 정보들이 들어 있으며, 자동차 잡지에는 최신 자동차에 대한 정보들로 가득하다. 그런데 이런 정보들은 인터넷에서 다 찾아볼 수 있다. 일부러 책을 읽을 필요도 없이 인터넷에서 검색만 하면 다 나온다. 사실 이러한 정보 저장과 수집 측면에서만 보면 책은 인터넷을 따라가기 어렵다. 인터넷이 책을 대체할 것이라는 주장은 이러한 맥락에서 타당성이 있다.

그런데 책에는 다른 기능이 한 가지 더 있다. 사람들의 생각과 사고방식을 만드는 기능이다. 책은 단순히 자료를 저장하고 정보를 제공하는 역할만 하는 게 아니다. 책은 사람들의 생각과 사고방식에 영향을 미친다.

현재 초등학교와 중학교는 의무교육이다. 초등학교와 중학교가 의무교육인 이유는 국민이 최소한 중학교 교과 과정에 해당하는 만큼의 지식을 갖추기를 바라서가 아니다. 솔직히 중학교 과정을 모두 마쳤다고 하더라도 그때까지 배운 지식을 다 알고 있는 사람은 거의 없다. 공부 잘했던 사람은 상대적으로 많이 기억하고 있겠지만, 성인이 되어서도 중학교 교과 과정을 모두 알고 있을 만큼 공부를 열심히 한 사람은 많지 않다. 설사 중학교 교과 과정을 다 외운다고 하더라도 그게 얼마나 갈까? 대부분 1년 이내에 다 잊어버린다. 성인이 되면 중학교 때 배운 것은 거의 기억하지 못한다. 초등학교, 중학교가 의무교육인 이유는 의무교육 기간에 배우는 지식이 이 사회를 살아가는 데 반드시 필요한 지식이기 때문이 아니다. 중학교 때까지 배우는 지식 그 자체가 정말 중요한 거라면 대부분의 성인은 중학교 때까지 배운 것들을 기억하고 있어야 한다. 하지만 실제 성인들은 초등학교, 중학교 때 배운 것들을 거의 기억하지 못한다. 배운 지식 그 자체가 중요했던 것이 아니다.

중학교까지 의무교육을 시행하는 이유는 학교에서 교과서를 배우는 과정을 통해서 교양인다운 의식 수준이 만들어지기 때문이다. 중등교육을 통해서 시민의식이 형성된다. 지식이 목적은 아니다. 시민의식이 목적이다. 초등학교를 나오지 않은 사람과 초등학교를 나온 사람, 중학교를 나온 사람과 나오지 않은 사람 사이에는 큰 차이가 있다. 지식에서 큰 차이가 나는 게 아니다. 지식은 몇 권의 책만 읽어도 바로 따라잡는다. 그러나 시민의식은 그렇지 않다. 책 몇 권을 혼자 읽는다고 쉽게 따라잡을 수 있는 게 아니다.

초등학교, 중학교에 다니는 동안에는 여러 교과서를 계속 읽는다. 그렇게 교과서들을 읽다 보면 저절로 교양인으로서의 시민의식이 형성된다. 그래서 의무교육을 하는 것이다. 교과서를 읽다 보면 시민의식이 만들어진다. 책은 사고방식에 영향을 주는 수단이다.

이렇게 사고방식에 영향을 미치는 책의 기능은 인터넷으로 대체될 사항이 아니다. 인터넷의 자료들은 '자료로서의 책의 기능'은 대체할 수 있다. 그러나 '사고방식을 만드는 책의 기능'은 대체할 수 없다. 그리고 정말로 중요한 책의 기능은 이렇게 생각과 사고방식을 만드는 기능이다.

우리의 생각과 사고방식은 저절로 만들어지는 게 아니다. 우리가 어려서부터 읽은 책, 최근 읽은 책, 그리고 우리가 겪은 경험으로 만들어진다. 그리고 책을 의도적으로 읽으면 우리 자신만의 사고방식을 만들어나갈 수 있다. 사고방식이 변화되면 행동도 변화한다. 책을 의도적으로 읽으면 사고방식과 행동이 변화하는 것이다.

사람들은 보통 책을 통해서 자신의 생각과 사고방식이 의도적으로 만들어질 수 있다는 것을 의식하지 못한다. 많은 사람이 그런 의도를 가지고 책을 읽지 않기 때문이다. 하지만 책을 읽으면 사고방식이 바뀐다. 돈키호테처럼 중세 기사들의 책을 읽으면 중세 기사의 사고방식을 가지게 된다. 초등학교와 중학교 교과서를 계속 읽으면 시민으로서의 기본적인 사고방식을 갖춘다.

대학에서 경제학을 전공하면 졸업하기 전까지 경제학 서적 몇십 권을 읽는다. 그러면 저절로 경제학도로서의 사고방식을 가지게 된다. 철학과를 다니면 철학 서적 몇십 권을 읽는다. 그러면 철학도로서의 사고방식을 가지게 된다. 철학자가 경제학 서적을 열심히 읽으면 경제학 지식을 얻을 수는 있다. 공부를 하나도 안 한 경제학도보다 경제학에 대해 더 많이 알 수도 있다. 하지만 사고방식은 다르다. 철학과를 졸업한 사람은 경제학 지식은 많이 알고 있더라도 사고방식은 철학적이다. 경제학과를 졸업한 사람은 대학 때 공부를 안 해서 경제학 지식은 거의 없더라도 사고방식은 경제학적이다. 그래서 전공이 중요하다. 대학에서 전공을 정하면 몇 년 동안 그 부문의 책을 계속 읽는다. 그러면 자연적으로 그 전공에 적합한 사고방식을 갖추게 된다.

어떤 부문이든 한 부문에 대한 책을 많이 읽으면 그 부문에 적합한 사고방식을 갖추게 된다. 책 한 권을 읽는다고 되는 게 아니다. 최소한 대학 서적 분량으로 몇십 권 이상을 읽어야 한다. 일반 책을 기준으로 하면 몇십 권보다 더 많이 읽어야 한다. 일반 책이라면 100권 정도는 읽어야 하지 않을까 한다. 그러면 그 부문에 대한 전공자와 유사한 사고방식을 지닐 수 있을 것이다. 마찬가지로 자기계발서를 계속 읽으면 자기계발서에서 요구하는 사고방식과 행동을 갖출 수 있다. 자기계발서에서 요구하는 사고방식은 성공하기 위한 사고방식이다. 자신의 꿈을 달성하기 위한 사고방식이다. 그리고 세상을 긍정적으로 보는 사고방식이다. 자기계발서를 계속 읽으면 이런 사고방식을 갖출 수 있다.

많은 사람이 긍정적인 사고방식을 가지라고 한다. 그러면 어떻게 하면 긍정적인 사고방식을 가질 수 있을까? '오늘부터 긍정적으로 생각해야지'라고 결심하면 긍정적인 사고방식을 가질 수 있을까? 결심한다고 해서 쉽게 바뀌지 않는다. 그런 책들을 계속 읽어야 한다. 그러면 어느 순간 긍정적으로 생각하는 자신을 발견할 것이다. 더 나아가 긍정적으로 행동할 것이다.

자기계발서는 꿈을 달성하는 것을 목적으로 하는 책이다. 그래서 자기계발서를 읽으면 꿈을 달성하는 데 필요한 사고방식과 행동 방식을 습득할 수 있다. 물론 한두 권 읽어서는 그러기가 어렵다. 몇십 권 넘게 계속 읽어야 한다. 그러면 벤츠를 살 수 있는 사고방식과 행동양식을 얻을 수 있다. 결국은 벤츠를 사게 될 것이다.

자기계발서는 모든 꿈을 다 이뤄주는가?

 자기계발서들은 언제나 '이 책을 읽으면 자신의 꿈을 이룰 수 있다'고 말한다. 자기가 죽기 전에 하고 싶은 일들을 종이에 써서 버킷리스트를 작성하면 그 버킷리스트들이 다 이루어진다고 말한다. 그러면 정말로 자기계발서를 읽고 실천하면 자신의 모든 꿈이 이루어질까? 자신이 쓴 버킷리스트들을 모두 달성할 수 있을까?
 나는 2년 동안 자기계발서를 읽고 나서야 비로소 자기계발서에서 말하는 내용을 직접 실천해보고자 결심했다. 제일 처음 한 일은 내가 원하는 바를 종이에 써서 정리한 것이다. 사실 이때까지도 종이에 쓰면 원하는 바가 정말로 이루어진다고 믿지 않았다. 목표를 종이에 쓰면 원하는 것을 달성할 수 있다니 이 얼마나 웃기는 말인가? 하지만 많은 자기계발서가 종이에 쓰면 그 꿈이 이루어진다고 하니 한번 속는 셈치고 꿈을 적어보기로 했다. 그러나 그 말들을 정말로 믿었던 것은 아니다. 그래서 내가 살아가면서 진짜로 달성하기를 원하는 꿈은 적지 않았고, 그저 '이랬으면 좋겠다'라고 가볍게 생각한 것들을 적었다. 그렇게 적은 것들이 벤츠 사기, 타워팰리스에서 살아보기, 토익 900점 넘기, 그리고 우주여행 가기였다(추가로 2가지가 더 있는데 너무 개인적인 것들이라 책에서는 생략한다).

사실 위 4가지 목표를 적으면서 가장 실현 가능성이 있다고 생각했던 항목은 토익 900점 넘기였다. 영어를 잘하고 싶었고 그래서 토익 900점 넘을 정도로 영어 실력을 늘리고 싶었다. 토익 900점은 어쨌든 열심히 영어 공부를 하면 이룰 수 있다. 하루 몇 시간씩 영어 공부를 계속하면 달성할 수 있는 목표였다. 하지만 벤츠 사기, 타워팰리스에서 살아보기 같은 목표는 적기는 했지만 정말로 실현될 거라고는 생각하지 않았다. 2009년도에 내 연봉은 5000만 원에도 못 미쳤다. 벤츠를 사려면 연 수입이 1억은 되어야 했다. 연봉 5000만 원이 안되는 사람이 몇 년 안에 연봉 1억이 되리라고 기대나 할 수 있었을까? 타워팰리스에서 사는 것도 마찬가지였다. 타워팰리스는 우리나라에서 최고급 주상복합으로 이름난 곳이다. 전셋값이 일반 아파트값보다 비싸다. 타워팰리스는 단지 꿈이었다.

우주여행은 말할 것도 없다. 하고 싶기는 하지만, 우주 비행사가 되지 않는 한 우주여행은 꿈조차 꿀 수 없다. 내가 우주 비행사가 되는 일은 한국에서는 아예 불가능한 거였고, 미국에서도 굉장히 어려운 일이다. 일류 전투기 비행사 중에서 엄격한 심사를 거쳐 우주 비행사를 선발한다. 전투기 비행사는커녕 일반 경비행기 운전 자격증도 없는 내가 우주여행을 할 수 있겠는가?

위 꿈들을 처음 종이에 적은 때가 2009년이었다. 그리고 지금은 2014년이다. 그때 적은 목표가 지금은 어떻게 되었을까? 종이에 내가 하고 싶다고 적은 일들이 정말로 다 이루어졌을까?

처음 변화는 2011년 여름에 이루어졌다. 이때 나는 아우디 A6를 샀다. 솔직히 이야기하자면 자기계발서를 읽어서 내가 산 차는 벤츠가 아니라 아우디 A6이다. 물론 나는 처음에 벤츠를 원했다. 그래서 벤츠 E클래스를 사겠다고 적었다. 사실 난 2009년에는 아우디에 대해서 잘 알지 못했다. 2011년에도 아우디를 잘 알지 못했다.

2011년 여름, 드디어 벤츠 E클래스를 살 수 있는 돈이 만들어졌다. 돈이 마련된 다음에 압구정동, 대치동에 있는 수입 외제 자동차 대리점들을 돌았다. 벤츠, BMW 대리점을 돌아다니면서 벤츠 E클래스와 BMW 5시리즈를 비교했다. 그렇게 돌아다니다가 와이프가 아우디 매장에도 들르자고 해서 그때 아우디 A6를 알게 되었다. 아우디를 본 와이프는 그 자리에서 A6로 사자며 본인이 결정해버렸다. 벤츠 E클래스와 BMW 5시리즈, 아우디 A6는 값이 같았다. 모델에 따라 차이는 있을 뿐 기본적인 가격대는 같았다. 그렇게 세 종류의 차를 비교하다가 와이프의 결정에 따라 마지막 순간에 A6를 선택하게 되었다.

분명 처음에 원한 차는 벤츠였다. 종이에 적은 것도 벤츠였다. 하지만 마지막 순간에 벤츠를 사지 못하고 아우디 A6를 선택할 수밖에 없었다. 그러면 나의 꿈은 이루어진 걸까, 이루어지지 않은 걸까? 원했던 것을 가진 것일까, 가지지 못한 것일까?

겉으로 보기에는 벤츠를 사려고 했던 원래의 꿈이 달성되지 않았다고 볼 수도 있다. 하지만 나는 이 꿈이 달성되었다고 보고 종이에서 지웠다. 중요한 것은 벤츠와 BMW, 아우디 중에서 선택했다는 점이다. 그 이후에는 벤츠를 타고 다니는 사람에게 특별히 부러움을 느끼지 않았다. 언제든지 사려고 마음먹으면 살 수 있는 차라고 생각하기 때문이다. 고급 외제 자동차에 대한 콤플렉스도 없고, 이 차들에 대한 욕망도 없다. 벤츠를 가지고 싶다는 마음에서 완전히 벗어났다.

꿈은 처음에 바랐던 대로 그대로 이루어지는 게 아니었다. 원래 계획했던 것과는 조금 다르게 이루어질 수도 있다. 가수가 되고자 했지만 노력하다 보니 유명한 작곡가가 될 수도 있다. 그 작곡가에게 꿈이 달성되었느냐고 물어보라. 그러면 작곡가는 분명 꿈이 이루어졌다고 대답할 것이다. 꿈을 추구하는 과정에서 새로운 세상을 알게 되고 그 세상에서 처음 원하는 것과 같은 수준의 성취를 얻으면 자신의 꿈이 달성되었다고 생각한다. 한 예로 수학자 존 내시가 원했던 상은 수학 부문에서 가장 유명한 뮈르달상이었다. 하지만 내시는 뮈르달상을 받지 못했다. 대신 노벨 경제학상을 받았다. 내시는 자기가 처음에 원했던 뮈르달상을 받지 못했으니 꿈이 이루어지지 않았다며 원통해할까? 그렇지 않다. 꿈을 추구하다 보면 처음에는 몰랐던 새로운 세상에 들어가게 된다. 그 과정에서 기대하지 못했던 일들이 벌어진다. 그래서 처음에 원했던 대로 이루어지지 않았더라도 꿈을 달성했다는 성취감은 충분히 느낄 수 있다.

타워팰리스에서 살고자 한 것도 마찬가지였다. 나는 타워팰리스는 모두 아파트 형식의 주상복합인 줄 알았다. 그런데 타워팰리스에는 주거용 오피스텔도 존재했다. 내가 처음 머릿속에 생각했던 타워팰리스는 아파트였다. 하지만 실제 타워팰리스에 들어갈 때는 주거용 오피스텔로 들어갔다. 원래 원했던 그대로 이루어졌느냐고 물어보면 그렇지 않다고 말해야 한다. 하지만 타워팰리스에 살고자 했던 꿈이 이루어졌느냐고 물어보면 그 꿈은 달성되었다고 생각한다. 그래서 원하는 버킷리스트 목록에서 타워팰리스에서 살아보기를 지웠다.

토익 900점은? 이 목표는 현재까지도 달성하지 못했다. 처음에 가장 쉽다고 생각했지만 4년이 넘도록 토익 900점 점수가 나오지 않는다. 열심히 영어 공부를 했는데도 점수가 나오지 않았느냐고? 그렇진 않다. 사실 토익 공부를 하지 않았다. 토익 900점을 원한다고 적어놓기는 했지만 영어 공부를 위한 어떤 행동도 하지 않았다. 아무리 종이에 적었다고 해도 어떤 행동도 하지 않는데 영어 점수가 오를 리 없다.

종이에 적은 목록에서 토익 900점은 지워지지 않았다. 벤츠 사기, 타워팰리스에서 살기는 달성되어서 목록에서 지웠다. 그런데 토익 900점은 계속 적혀 있다. 이 토익 900점은 계속 마음에 걸린다. 종이를 볼 때마다 '이것도 해야 하는데'라는 생각이 계속 든다. 그래서

2012년부터는 영어 신문도 읽기 시작했고 올해에는 영어 회화 학원에도 등록했다.

토익 900점을 받겠다고 목표를 정하고 종이에 적은 지 꽤 오랜 시간이 흘렀다. 그런데 아직 토익 900점은 받지 못했다. 그럼 종이에 적은 일은 소용없는 일인가? 그렇지 않다. 만약 토익 900점을 목표로 하지 않았다면 영어 신문을 보려고 생각할 수 있었을까? 올해 영어 학원에 다니려고 마음먹을 수 있었을까? 사실 영어 공부는 대학생들이나 취업준비생이 한다. 아니면 업무상 영어가 필요한 사람들이 한다. 난 이미 직장을 가지고 있다. 업무상 영어를 쓸 일은 별로 없다. 영어를 해야 할 특별한 이유가 없는 것이다.

종이에 적는다고 몇 년 내에 그것들이 다 달성되는 것은 아니었다. 하지만 종이에 적은 일에 조금 더 가까이 다가간 것은 사실이다. 토익 900점의 꿈을 종이에 적기 전에 내 토익 점수는 꽤 낮았다. 지금은 800점 정도 나온다. 꿈이 이루어진 것은 아니다. 하지만 이전보다 나아진 것은 사실이다.

우주여행은 꿈으로 적었지만 아직도 요원하다. 이건 정말 아직도 꿈으로만 남아 있다. 그런데 미국과 영국에서 상업 우주여행이 머지않아 가능해질 것이라고 한다. 우주선을 타고 대기권 밖으로 나갔다가 돌아오는 우주여행이다. 티켓값은 1인당 2억 원이 넘는 엄청난 가격이지만, 어쨌든 앞으로 10년 내에는 가능해질 것 같다. 우주여행을 가보겠다는 꿈은 달성되지 않았고, 당분간은 가능성이 보이지 않는다. 하지만 실현 가능성이 이전에는 0퍼센트였다면 그래도 지금은 1퍼센트 정도는 올라간 것 같다.

결론적으로 내 경험에 비추어보면 자신이 적었던 꿈이 모두 다 달성되지는 않는 것 같다. 하지만 조금씩 다른 형태로 꿈이 달성된다. 만약 꿈이 달성되지 않더라도 그 꿈에 조금 더 가까이 다가간다. 하지만 종이에 적지 않았다면 아무런 변화도 이루어지지 않았을 것이다. 자기계발서를 읽는다고 모든 걸 다 이룰 수 있는 것은 아니다. 하지만 설사 이루지 못한다고 해도, 그 꿈에 좀 더 가까워진다는 사실은 분명하다.

자기계발서와 행복의 상관관계

　자기계발서를 계속 읽으면 삶이 달라진다. 그러면 자기계발서를 읽으면 평생 행복하게 살 수 있을까? 자기계발서를 읽으면 평생 잘살 수 있는 걸까? 평생 나의 꿈을 이루고 살 수 있는 걸까?
　나는 'ㅇㅇ만 하면 평생이 보장된다'는 말은 믿지 않는다. 수많은 금융 투자 책들, 부동산 책들, 자기계발 책들, 경제경영 책들은 'ㅇㅇ만 하면 그 이후에는 잘살 수 있다'는 식의 이야기를 많이 한다. 그렇지만 내가 보기에는 'ㅇㅇ만 하면 인생이 해결될 것'은 존재하지 않는다.
　도대체 어떤 것이 'ㅇㅇ만 하면 그 이후의 인생이 보장되는 것'일까? 부모와 선생들은 늘 이렇게 말한다. "명문대만 가면 인생이 풀린다. 서울대만 나오면 잘살 수 있다."
　정말로 명문대를 나오면 그 이후는 아무 걱정 없이 살 수 있는가?

서울대만 나오면 그 이후에는 별 어려움 없이 잘살 수 있는가? 그런 말은 명문대를 나오지 않은 사람들, 서울대를 나오지 않은 사람들이 하는 말이다. '명문대를 졸업했다면 지금보다 더 나은 삶을 살 수 있었을 텐데'라고 생각하는 사람들이 하는 말이다. 그러면 막상 명문대를 나온 사람들이 "나는 명문대를 나왔기 때문에 그 이후에는 잘살 수 있었다"라고 말하는 것을 들어본 적이 있는가? "나는 서울대에 들어갔기 때문에 그 이후의 인생이 잘 풀렸다"라고 말하는 사람을 주변에서 본 적이 있는가?

명문대를 나왔기 때문에 그 이후로 아무 문제 없이 잘산다고 말하는 사람은 아무도 없다. 마음속으로는 그렇게 생각하지만, 실제로 그렇게 말하면 주위 사람들이 잘난 척한다고 타박할까 봐 일부러 안 하는 걸까? 그렇지 않다. 명문대를 나오는 것이 아무 효과가 없다고까지는 말하지 않겠다. 하지만 효과는 단기간에만 발휘될 뿐이다. 명문대를 졸업하면 회사에 들어갈 때 좀 더 도움이 될 뿐이다. 그 이후에는 아무 상관이 없다.

초등학교부터 고등학교까지 12년이 넘게 열심히 공부해서 명문대에 들어가도, 그 효용 가치는 졸업 후 1~2년 정도다. 그 이후의 인생은 대학 학벌과 아무 상관 없이 움직인다. 좋은 학벌은 평생을 책임져주는 요술방망이가 아니다.

그렇다면 좋은 회사에 들어가면 인생이 풀리나? 나의 대학 친구들은 대부분 좋은 회사에 들어갔다. 변호사, 공인회계사 같은 전문 자격증을 따서 활동하는 사람들도 많고, 고시를 보고 공무원으로 생활하는 사람들도 많다. 교수도 있고 공공기관, 대기업에 들어간 사람들도 많다. 이렇게 좋은 직장에 들어가면 그 이후에는 아무 문제 없이 잘사는 걸까?

인생이 그렇게 간단하지는 않다. 처음에는 좋은 것 같았지만 나이가 들어갈수록 뭐가 좋은지 모른다. 좋은 직장에 다니기는 하지만 잘 살지는 못한다. 나이 40이 되면서부터 그만둘 것을 걱정하는 사람이 늘어나고, 또 실제로 직장을 그만두게 된 사람들도 많다. 좋은 직장을 처음 들어갈 때는 그 이후의 인생이 평안하리라 예상하지만, 그건 꿈에 가깝지 현실은 아니다.

현재 많은 직장인의 꿈이라는 상가나 오피스텔을 가지면 그 이후의 인생이 편해질까? 상가나 오피스텔을 가지고 있으면 매달 월세가 나온다. 다세대 주택 같은 투자용 부동산을 보유하면 매달 월세 수입이 생긴다. 이렇게 직장에서 받는 월급 외에 월세를 챙길 수 있으면 하고 싶은 걸 다 하면서 편하게 살 수 있지 않을까?

나도 그런 줄 알았다. 그래서 오랫동안 돈을 모아서 부동산 상품을 마련했다. 그런데 막상 월세 나오는 부동산을 가져보니 기대만큼 좋지는 않았다. 우선 투자금 대비 수익률이 높지 않다. 은행 이자보다 조금 더 높은 수준이다. 자기 생활비를 대체할 수 있을 정도의 수익은 어림도 없다. 자기 생활비를 충당할 정도로 월세를 받으려면 정말 큰 부동산을 가지고 있어야 한다. 빌딩처럼 10억 원대 이상의 상업용 부동산을 가지고 있어야 생활비를 충당할 수 있을 정도로 월세 수입을 얻을 수 있다. 그런데 그 정도의 돈이 있다면 특별히 부동산을 사서 월세를 받을 필요가 없다. 그런 사람은 원래부터 부자이지, 부동산 월세를 받아서 부자가 된 사람이 아니다.

상업용 부동산을 가지고 있으면 세입자 관리, 부동산 관리 등 신경 쓰고 처리해야 할 일이 의외로 많다. 자칫 실수라도 했다가는 부동산을 가져서 이득을 보는 게 아니라 손해를 볼 수도 있다. 월세 부동산이 있다는 것만으로 편하게 살 일은 없다는 뜻이다.

결국은 어느 한 가지로 평생이 보장되는 일은 없는 것 같다. 어떤 한 가지를 달성했을 때 그 한순간은 기분이 좋고 문제의 한 단계가 해결된 것은 맞다. 하지만 그다음 단계까지 해결해주는 것은 아니다. 처음에 자신이 원했던 목표가 달성되면 그 이후의 삶은 행복해지는 걸까? 그렇지 않다. 벤츠를 목표로 정한 후 열심히 노력해서 벤츠를 사면 처음에는 굉장히 좋을 것이다. 성취감이 생기고 행복하다는 느낌도 받을 것이다. 그러나 시간이 조금 지나면 벤츠를 가지고 있다는 것이 그렇게까지 행복하다는 느낌을 주지 않는다. 모든 것이 다 마찬가지다. 좋은 학교에 들어가면 처음엔 좋다가도 그 좋은 느낌이 그리 오래가지 않는다. 좋은 직장에 들어가면 물론 뛸 듯이 좋아하겠지만 그 감정 역시 오래가지 않는다. 조금 시간이 지나면 외부에서는 좋은 평판이 난 그 직장의 문제점을 이야기하며 속상해할 것이다.

문제는 그때부터다. 이때부터 사람들은 갈리기 시작한다. 거기서

한 단계 더 나아가려고 하는 사람이 있고, 처음 성취한 것에 만족해서 그대로 지내는 사람들이 있다. 원래 아무것도 없었던 사람들이 노력해서 무언가를 달성한다. 거기까지만 해도 충분히 칭송을 받을 만한 일이다. 그런데 그렇게 무언가를 한 가지 달성한 뒤에, 그다음에 다시 또 무언가를 달성하고자 하는 사람이 있고, 그 자리에서 멈추는 사람이 있다. 무언가를 또 달성하고자 하는 사람은 다시 한번 변화를 추구한다. 자신의 행동과 사고방식을 다시 한번 변화시켜 또 다른 무언가를 이루려고 한다. 그런 과정에서 다시 한번 만족감을 느낀다. 이런 과정을 계속하면 성취감과 만족감, 행복감을 평생 느끼며 살아갈 수 있다.

그러나 한번 성취감을 맛본 다음에 그 자리에만 있으면 그다음부터는 이전과 같은 성취감을 다시는 맛볼 수 없다. 일회성으로 끝난다. 그 성취감은 평생을 보장해주지 못한다.

자기계발서의 가장 좋은 점은 현재의 상태에 만족하지 말고 계속 변화하라고 이야기하는 것이다. 현재 어느 정도의 노력으로 무엇인가를 달성했다면 주위 사람들은 칭송해줄 것이다. 하지만 자기계발서에서는 어느 한 단계에서 만족하고 멈추라고 이야기하는 경우가 없다. 계속 변화하고 좀 더 좋은 자신을 만들어나가라고 이야기한다. 주변 사람들은 이제 만족하고 그 자리에 머물라고 말할 것이다. 하지만 자기계발서는 다시 한번 변화를 이야기한다.

한 단계를 이룬 다음에도 자기계발서를 계속 읽어나가면, 또다시 변화하는 자신을 발견할 수 있다. 이전에 세운 목표가 달성된 이후에도 자기계발서를 계속 읽으면, 또 다른 목표를 세우고 변화하려는 자신을 발견할 수 있다.

계속 변화하면 피곤하다고 생각하는가? 그러나 돌이켜보라. 그동안 살아오면서 자신이 행복감을 느꼈을 때는 무언가 긍정적으로 변화했을 때다. 대학에 들어갔을 때, 취직했을 때, 애인이 생겼을 때, 결혼했을 때, 자식이 생겼을 때, 차를 샀을 때, 집을 샀을 때, 여행을 갔을 때 등 무언가 변화했을 때 성취감과 행복감을 느낄 수 있다. 계속 변화한다는 것은 계속 성취감과 행복감을 느낄 수 있다는 뜻이다.

자기계발서는 그 자리에 머물지 말고 계속해서 변화하라고 말한다. 이 말은 계속해서 성취감과 행복감을 느끼면서 살라는 뜻이다. 자기계발서를 계속 읽으면 평생을 행복하게 살 길이 열린다.

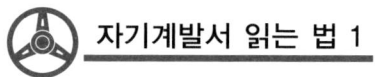 자기계발서 읽는 법 1

어떤 책을 읽을 것인가

 자기계발서를 계속 읽으면 자신의 꿈에 조금 더 다가갈 수 있다. 벤츠를 사는 정도의 꿈은 분명 달성할 수 있다. 그런데 어떤 자기계발서를 읽어야 할까? 자기계발서에는 여러 가지 종류가 있다. 교보문고, 반디앤루니스, 영풍문고 같이 큰 서점에 가면 처세나 성공 관련 자기계발 분야가 큰 자리를 차지하고 있다. 자기계발서는 정말 다양하고 많이 출간되는데, 이 중에서 어떤 자기계발서를 읽어야 도움이 될까?
 사실 어떤 책이 좋으냐는 질문에 대답하기는 참 어렵다. 책의 가치는 주관적으로 정해진다. 좋은 책은 자기 자신에게 감명을 주는 책, 몰랐던 것을 알려주는 책이다. 그런데 감명을 받는 상황은 읽는 사람의 지적 수준과 감성 수준에 따라 다 다르다. 그리고 책을 읽을 때의 마음가짐에 따라서도 다르다. 몰랐던 것을 알려주는 책도 마찬가지다.

책을 읽는 사람이 그 분야에 대해서 어느 정도 알고 있느냐에 따라 그 책을 읽고 얼마만큼 새로운 것을 알았느냐가 결정된다. 같은 책이더라도 해당 분야에 대해서 하나도 알지 못하는 사람은 많은 정보를 얻는 반면 이미 많이 알고 있는 사람은 새로운 정보를 얻지 못해 쓸모없는 책으로 간주하기도 한다.

책은 문화 상품이다. 문화는 그 사람이 어떻게 받아들이느냐에 따라 그 가치가 달라진다. 완전히 주관적인 영역이다. 따라서 어떤 책이 좋고 어떤 책이 좋지 않다고 말하기가 어렵다.

어떤 자기계발서가 좋은가란 질문에 대해서도 마찬가지다. 자기계발서를 읽고 재미를 느끼는지, 그렇지 않은지는 개인에 따라 다르다. 일률적으로 말할 수 없다. 읽는 사람마다 다른 판단이 나올 수 있다.

하지만 좋은 자기계발서에 대한 판단이 주관적이라고 해서 아무 자기계발서나 읽으라고 말할 수는 없다. 자기계발서를 읽으라고 주장하는 입장으로서, 나 자신도 어떤 자기계발서가 좋은지 모르니 마음 가는 대로 아무거나 읽으라고 말하기는 좀 그렇다. 그래서 여기서는 내가 보통 자기계발서를 고르는 기준을 이야기하고자 한다. 이 기준은 완벽하지 않다. 모든 사람들이 이 기준에 동의하지는 않을 것이다. 하지만 나는 그동안 자기계발서를 몇백 권은 읽었다. 최소한 나 자신에게 의미 있는 자기계발서, 그리고 좀 더 많은 사람들에게 읽히는 자기계발서가 어떤 부류인가는 대강 감이 잡힌다. 그 기준들을 소개한다.

첫째, 자기 분야에서 성공한 사람이 쓴 책을 고르는 게 좋다. 우선은 자기 분야에서 잘나가는 사람이어야 한다. 성공한 사람이 어떻게 해서 성공하게 되었고 어떤 생각을 가지고 있는지를 서술한 책들이 도움이 된다. 성공한 사람이 스스로 자신의 이야기를 쓴 글이 살아 있는 글이다.

가끔 성공한 사람이 저자 이름에 올라 있지만 저자가 직접 쓰지 않고 전문 작가가 써준 책도 있다. 성공한 사람이 직접 구술한 이야기를 전문 작가가 글로 써서 책으로 낸 경우다. 비록 자신이 직접 쓴 글은 아니지만 자신이 직접 한 말을 글로 바꿔서 책으로 낸 것이다. 이런 경우도 충분히 가치가 있다. 중요한 것은 성공한 사람이 스스로 자신의 경험을 이야기하는 것이다. 부자가 되는 법을 이야기하기 위해서는 먼저 스스로 부자가 되어야 한다. 사업하는 법을 이야기하려면 먼저 스스로 사업을 성공적으로 이끌어야 한다. 여행 책이라면 여행을 직접 다녀온 사람이어야 하고 공부하는 법에 대해 쓴 책이라면 공부를 잘한 사람이 써야 한다.

생각해보면 당연하다. 부자가 되는 법을 다른 사람들에게 이야기하기 위해서는 먼저 부자가 되어봐야 한다. 아직 부자가 되지 않은 상태에서 부자가 되는 법을 이야기하는 것은 우스운 일이다. 일단 그 자신이 정말로 부자가 되는 법을 알고 있는지 의심스럽다. 다른 사람들을 어떤 길로 인도하기 위해서는 자신이 그 길을 먼저 걸어봐야 한다. 그래야 자기가 간 길을 다른 사람에게 소개할 때 생생하게 그 길을 묘사할 수 있다. 이런 책들이 도움이 된다. 최소한 책의 저자가 주장하는 수준을 스스로 달성한 사람, 그런 사람의 책을 읽어야 한다.

둘째, 자기계발서 중에서 베스트셀러가 있다. 《시크릿》, 《꿈꾸는 다락방》, 《부자 아빠 가난한 아빠》 같은 책들이다. 이러한 베스트셀러들도 충분히 읽을 가치가 있다. 베스트셀러가 되었다는 것은 이미 많은 사람들이 그 책을 읽어보았다는 뜻이다. 많은 사람들이 그 책을 읽고서 무언가를 느꼈다는 뜻이다. 책은 주관적이다. 따라서 사람들마다 그 평가가 다르다. 하지만 베스트셀러는 상대적으로 많은 사람이 내용에 공감한 책이다. 무언가 사람들의 마음을 움직이는 내용이 있다는 것이고, 책 수준이 최소한 평균은 된다는 뜻이다.

무엇보다 베스트셀러에 오른 자기계발서는 읽기가 쉽다. 책의 구성이 짜임새 있고 읽기가 편하다. 하고자 하는 이야기가 쏙쏙 잘 들어온다. 다른 책들을 읽는 것보다 습득하는 속도가 빠르다. 자기계발서는 어떤 내용을 학술적으로 깊게 파고드는 책이 아니라 쉽게 읽히도록 쓰인 책이다. 깊은 내용을 공부하려는 것이 아니라 쉽게 읽기 위해서라면 베스트셀러가 좋다.

그런데 자기계발서 베스트셀러 중에는 그 분야에서 성공한 사람이 쓴 책보다 전문 작가가 쓴 경우가 많다. 앞서 스스로 성공한 사람이 쓴 자기계발서가 좋다고 했다. 하지만 베스트셀러인 경우에는 스스로 성공하지 않은 사람이 썼어도 상관없다. 자기계발서 전문 작가들은 성공한 사람들의 이야기들을 읽고서 일반 사람들에게 그 내용을 쉽게 전달하기 위해서 책을 쓴다. 그렇게 쓴 책은 자신이 직접 경험한 것이 아니기에 이야기를 전달하는 능력이 떨어지는 경우가 있다. 일반 전문 작가들이 쓴 자기계발서 같은 경우에는 큰 감명을 받기 어렵다. 하지만 베스트셀러가 된 자기계발서는 이야기를 전달하는 능력이 검증된 책들이다. 자기계발에 필요한 내용들을 쉽게 전달하는 데 성공했고, 그래서 베스트셀러 자리에 올랐다. 자기계발서 베스트셀러들은 충분히 가치가 있는 책들이다.

셋째, 외국 자기계발서가 우리나라에서 번역되어 나온 책들이 있다. 특히 일본과 미국에서 나온 책들이 많다. 일본과 미국의 자기계발서도 충분히 추천할 만하다. 외국의 자기계발서가 한국의 자기계발서보다 더 우수하기 때문에 추천하는 건 아니다. 외국의 자기계발서 수준 자체가 한국 자기계발서보다 높다기보다는, 한국에서 번역되어 출간되는 외국의 자기계발서들은 대개 외국에서 베스트셀러로 이름을 올린 책들이기 때문이다.

한국에서 외국 서적을 번역해서 출간할 때는 아무 책이나 출간하지 않는다. 단순히 내용이 좋다고 출간하는 것도 아니다. 특히 자기계발서의 경우에는 대개 외국에서 일정 부수 이상 팔린 책들 중에 한국 상황과 맞는 책들을 골라 들여온다. 한국에서 번역되어 서점에 나온 자기계발서는 일단 그 내용이 외국에서 1차적으로 검증된 것들이다. 그러한 책에는 사람들의 마음을 움직이는 무언가가 들어 있다.

한국에는 일본의 자기계발서와 미국의 자기계발서가 주로 번역되어 소개된다. 그런데 일본의 자기계발서와 미국의 자기계발서는 책의 형식이나 구성 측면에서 차이가 크다. 무엇보다도 일본의 자기계발서들은 대개 얇다. 내용도 굉장히 간명하고 읽기 쉽다. 일본 책은 주제를 쉽고 간명하게 전달하는 특징이 있다. 한국 자기계발서들보다 훨씬 빠르게 읽을 수 있다.

이에 비해 미국의 자기계발서는 일단 분량이 많고 문장도 길다. 자세히 서술하고 분석적이다. 일본의 자기계발서가 직감적으로 간단히 설명한다면, 미국의 자기계발서들은 어떻게 성장하게 되는지에 대한 구조와 시스템을 자세히 설명한다. 한국의 자기계발서는 일본과 미국 책의 중간 정도로 보면 될 것이다. 어차피 주된 내용은 한국이나 일본, 미국의 자기계발서가 다 비슷하다. 문장이나 형식, 구성 측면에서 자기 자신에게 적합한 것을 선택하면 된다.

스스로 성공한 사람이 자신의 이야기를 쓴 책, 자기계발서 부문의 베스트셀러, 그리고 번역 출간된 일본이나 미국의 책, 이 3가지 종류로만 찾아도 굉장히 많은 수의 자기계발서가 나온다. 그런 책들을 계속 찾아 읽으면 된다.

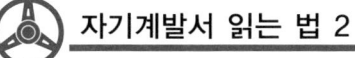

자기계발서 읽는 법 2

몇 권을, 얼마나 읽어야 하는가

　자기계발서를 읽으면 삶이 변화될 수 있다. 그러면 자기계발서를 얼마나 많이 읽으면 그 변화가 이루어질까? 열심히 한 달 동안 하루 한 권씩 30권 정도를 읽으면 변화가 일어나는 걸까? 100권 정도 읽으면 달라질 수 있을까? 여러 종류의 자기계발서를 다양하게 많이 읽는 것보다 정말 좋은 자기계발서 한 권을 완전히 숙독하는 게 더 좋은 건 아닐까? 자기계발서를 계속 읽으면 나아진다고 하지만, 1년이 넘도록 열심히 읽었는데도 변화가 없으면 어떻게 하나? 세상에는 자기계발서를 자주 읽지만 변하지 않는 사람들도 많다. 도대체 어느 정도를 읽어야 변화가 이루어지는 걸까?

　사실 자기계발서를 얼마나 읽어야 실제 눈에 보이는 변화가 이루어지는지는 일률적으로 말하기 어렵다. 자기계발서를 읽는다고 바로 변화된 결과가 보이지는 않는다. 자기계발서를 읽어서 실제 결과가 달라지기까지는 단계가 있다. 자기계발서가 실제 결과를 변화시키는 과정은 다음과 같다.

자기계발서 읽기 ➡ 생각, 사고방식의 변화 ➡ 행동의 변화
➡ 결과의 변화

자기계발서를 읽고서 생각이 변화하는 과정, 그리고 생각이 변화한 다음에 그에 따라 행동이 변화하는 과정이 필요하다. 사실 원하는 결과를 얻게 해주는 가장 직접적인 원인은 행동의 변화다. 아무리 자기계발서를 읽고 생각이 변화해도 행동이 변화하지 않으면 결과는 나오지 않는다.

나 같은 경우 이미 자기계발서를 많이 읽고 있었다. 하지만 그때까지는 특별히 자기계발서를 읽고 나 자신을 변화시키고자 한 것이 아니었다. 그저 머리를 식히기 위해서 읽었을 뿐이다. 자기계발서를 읽기는 했지만, 자기계발서가 말하는 대로 생각과 사고방식이 움직인 건 아니었다. 정말 책 따로, 생각 따로였다. 자기계발서를 많이 읽었지만 자기계발서가 하는 말들은 흘러들었다. 소설에 가깝다고 생각하며 읽었다.

이렇게 마음으로 받아들이지 않고 단순히 자기계발서를 읽기만 해서는 큰 효과를 볼 수 없다. 그렇지만 조금씩은 효과가 있다. 처음에

는 자기계발서의 내용을 소설 같은 허구로 치부했지만, 나중에는 의미가 있는 말들일지도 모른다고 생각하게 되었다. 계속 읽다 보니 생각이 조금씩 바뀌기 시작한 것이다. 그렇게 자기계발서의 말들을 생각과 마음으로 받아들이는 데 2년이 걸렸다.

자기계발서를 생각으로 받아들인 다음에 행동으로 옮기는 데도 시간이 걸린다. 자기계발서의 말대로 실천해보고자 마음먹은 다음에 나는 토익 900점을 목표로 삼았다. 하지만 목표로 적어놓기만 했을 뿐 영어 공부는 하지 않았다. 그러면 토익 점수는 오르지 않는다. 토익 점수를 높이고 싶다는 생각만으로는 토익 점수가 오르지 않는다. 하지만 자기계발서에서 말하는 대로 영어 토익 점수를 계속 원하는 목표로 적어놓다 보니 결국 행동에 변화가 일어났다. 올해부터 영어 학원에 다니기 시작했다. 자기계발서를 읽고 목표를 적기 시작한 지 몇 해가 지나서야 토익 점수를 높이는 데 도움이 되는 행동을 시작한 것이다.

벤츠를 사기 위한 행동은 보다 일찍 시작했다. 어떻게 하면 벤츠를 살 수 있을까를 고민하고 그 방법을 찾고 실행하기 시작했다. 하지만 토익 900점은 적어놓기만 했을 뿐 실행하지 않았다. 그 차이가 결과의 차이로 나타났다. 벤츠는 목표를 적고 의도하기 시작한 후 2년 정도 지나서 살 수 있었다. 그러나 토익 900점은 아직도 달성하지 못했다. 하지만 토익 900점을 위한 행동에 들어갔으니, 계속 이대로만 가면 토익 900점이라는 목표도 달성할 수 있을 것이다. 지금 추세대로

라면 내년에는 토익 900점이 나올 수 있을 것 같다.

자기계발서를 얼마나 읽으면 될까? 그건 자기계발서를 통해서 사고 방식과 행동이 달라질 때까지다. 나는 자기계발서를 읽고서 사고방식에 변화가 생길 때까지 2년이 넘게 걸렸다. 그리고 행동이 달라지기까지도 또 그만큼의 시간이 걸렸다. 그동안 계속해서 자기계발서를 읽었다. 내용을 알기만 하면 되지 자기계발서를 계속 읽을 필요는 없다고 생각할 수도 있다. 하지만 그렇지 않다. 자기계발서를 읽는 동안 '목표를 정하라'는 말을 계속 듣다 보니 목표를 정할 생각이 난 것이다. 자기계발서에서 계속 '실천하라'라고 하니까 실천해야겠다는 생각이 든 것이다. 자기계발서를 계속 읽으니까 행동으로까지 옮기게 된 것이지, 자기계발서를 몇 권만 읽고 그만두었다면 내용은 알아도 실천까지는 가지 못했을 것이다. 계속 읽어야 한다. 그래야 자기계발서의 내용이 사고방식에 조금씩 영향을 주고 결국 사고방식을 변화시킨다. 계속 읽어야만 행동해야 한다는 의식이 조금씩 생기고, 결국 행동으로 옮기게 된다. 행동하기 시작한 이후에도 자기계발서가 필요할까? 이때서부터는 자기계발서가 없어도 되는 것 같다. 자기계발서가 말한 대로 생각하고 행동한 이후에는 특별히 자기계발서를 또 찾을 필요가 없다. 그러나 그렇게 자기계발서의 내용이 자기 몸에 체화될 때까지는 자기계발서를 계속 읽어야 한다.

그러면 자기계발서를 얼마나 읽어야 사고방식과 행동이 달라질까? 내가 2년이 걸려서야 사고방식에 변화가 생기기 시작했다면, 이 글을 읽는 독자도 2년이 지나면 사고방식에 변화가 생기는 걸까? 그건 그 사람의 현재 수준에 따라 달라지는 문제다. 자기계발서를 통해서 사고방식이 변화하고 결국 행동이 변화하는 것은, 액체의 물이 끓기 시작해서 기체로 변화하는 것과 같다. 일반적으로 물은 섭씨 100도에서 끓는다. 아무리 열심히 불을 지펴도 더 낮은 온도에서 끓는 것이 아니다. 불을 때는 사람이 게으르게 불을 땐다고 해서 더 높은 온도에서 끓지도 않는다. 물은 항상 섭씨 100도에서 끓는다. 그리고 불을 때는 사람은 물 온도가 섭씨 100도가 될 때까지 계속 장작을 넣어줘야 한다.

마음에 장작을 넣어주는 것이 바로 자기계발서를 읽는 일이다. 물이 끓을 때까지 불을 때야 하듯이, 행동이 변화할 때까지 자기계발서를 읽어야 한다. 그런데 언제까지 장작을 넣어주어야 하는지는 처음에 그 물의 온도가 얼마였느냐에 따라 달라진다. 처음에 물의 온도가 섭씨 20도였다면 한 10분 정도 불을 때면 물이 끓을 것이다. 하지만 처음에 그 물이 얼음이었다면 더 오랫동안 불을 때야 한다. 처음에 그 물의 온도가 섭씨 80도였다면 조금만 불을 때도 물이 끓기 시작한다.

자기계발서를 읽는 것도 마찬가지다. 자기계발서의 내용을 처음부터 다 수용할 마음가짐을 가지고, 또 실행력도 충분히 있다면 조금만 자기계발서를 읽어도 바로 행동이 변화할 수 있다. 하지만 알고는 있더라도 실행력이 높지 않다면 시간이 좀 더 걸릴 것이다. 자기계발서의 내용에 완전히 공감하지 못하는 사람은 더 오랜 시간이 걸릴 것이다.

불을 계속 때면 언젠가는 물이 끓기 시작한다. 처음에 그 물이 얼음이었는지, 차가운 물이었는지, 미지근한 물이었는지, 아니면 뜨거운 물이었는지에 따라 시간은 달라지겠지만, 어쨌든 계속 불을 때면 물은 끓는다. 마찬가지로 자기계발서를 계속 읽으면 언젠가는 자신의 목표를 달성하기 위한 행동에 들어갈 수 있다. 그 사람이 그 책을 받아들이는 정도, 그전에 세상을 어떻게 바라보고 있었는가 하는 사고방식, 아는 것을 행동으로 실천하는 능력에 따라 읽어야 하는 자기계발서의 양은 달라진다. 하지만 자기계발서를 계속 읽어나가면, 언젠가는 자기계발서에서 말하는 것들을 실제로 실천할 수 있을 것이다.

그렇게 자기계발서를 통해서 자신의 생각과 사고방식이 변화할 때까지, 그리고 실제 행동의 변화가 발생할 때까지 자기계발서를 읽어야 한다. 자기계발서의 내용이 자신에게 체화될 때까지 자기계발서를 읽어야 한다. 빠르면 며칠이 될 수도 있고, 길면 몇 년이 될 수도 있다. 하지만 자기계발서를 계속 읽어나가면 언젠가는 분명히 행동에 변화가 일어나고, 원하는 결과를 얻을 수 있을 것이다.

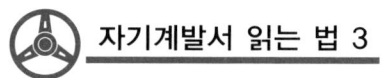

자기계발서 읽는 법 3

<u>정독인가, 속독인가</u>

책을 읽어야 한다고 할 때 사람들이 흔히 고민하는 문제가 책을 어떻게 읽어야 하는가이다. 가장 일반적인 문제가 정독을 해야 하는가, 아니면 속독을 해야 하는가이다. 책에 적혀 있는 내용들을 하나하나 음미하고 생각해가면서 읽어야 할까, 아니면 기본적인 내용만 이해하면서 속독으로 빠르게 읽어나가도 될까? 꼼꼼히 읽어야 할까, 아니면 대강대강 읽어나가도 될까?

사실 책을 읽을 때 정독하느냐 속독하느냐는 그 책을 읽는 목적이 무엇이냐에 따라 달라진다. 공부를 목적으로 책을 읽는 경우에는 정독해야 한다. 특히 시험을 치르는 목적이라면 꼼꼼히 모든 문장을 신경 써서 읽을 필요가 있다.

한국 사람들이 책을 정독해야 한다고 생각하는 이유는 학생 때 객관식 문제를 주로 풀어왔기 때문이다. 초등학교, 중학교, 고등학교, 그리고 대학교에 다닐 때에도 학생들은 책을 읽고 시험을 치른다. 이런 과정에 익숙해지다 보니, 책을 읽는 것이 곧 시험공부인 것처럼 생각하게 되었다. 공부를 하기 위해서, 시험을 치르기 위해서 책을 읽는다. 시험에서 무슨 문제가 나올지 모르니 모든 문장을 다 신경 써서 읽어야 한다. 자신은 중요하지 않다고 생각해서 넘어간 부분에서 시험 문제가 나오면 틀릴 수밖에 없다. 그래서 교과서나 참고서의 모든 부분을 다 봐야 한다. 특히 객관식 문제인 경우에는 읽지 않고 넘어간 부분에서 문제가 나오면 틀릴 수밖에 없다. 객관식 문제에서 좋은 점수를 받기 위해서는 책의 모든 내용을 다 읽어야 한다. 외우다시피 읽어야 한다. 정독을 해야 한다.

이렇게 시험을 치르기 위해서 읽는 책은 책이 독자보다 우위에 있다. 책이 주인이고 독자가 책을 따라야 한다. 독자가 책의 내용을 판단해서는 안 된다. 책의 내용을 그대로 다 받아들여야 한다. 독자가 책을 좋아하거나 싫어해서도 안 된다. 책에 대한 호불호는 그 책을 읽어야 하는지, 그렇지 않은지 판단하는 데 아무 영향을 미치지 않는다. 시험공부를 위해서 읽을 때는 그 책을 좋아하거나 싫어하거나에 상관없이 무조건 읽어야 한다.

우리나라 사람들은 책을 잘 읽지 않는다고 한다. 그런데 나는 한국 사람들이 책을 좋아하지 않는 가장 큰 이유가 학생 때 객관식 문제를 풀기 위해서 책을 읽었기 때문이라고 생각한다. 객관식 문제를 풀려면 책의 내용을 무조건 정독해야 한다. 책은 주인이고 자신은 책의 종이다. 이런 구조에서는 책을 좋아할 수 없다. 공부를 위해서, 시험 점수를 높이기 위해서 책을 읽어야 한다면 책을 좋아할 수 없다. 또 책을 계속 읽어나갈 수도 없다. 이러한 책은 시험공부가 끝나면 책으로서의 효용도, 가치도 끝난다.

나는 책을 읽을 때 정독할 필요가 없다고 생각한다. 시험을 치르기 위해 책을 읽는 경우에는 어쩔 수 없이 정독해야 한다. 하지만 시험을 치르기 위해서 읽어야 하는 책이 아니라면, 특히 객관식 문제를 풀기 위해서 읽어야 하는 책이 아니라면 일부러 정독을 할 필요는 없다. 한 문장 한 문장을 꼼꼼히 읽을 필요가 없다. 그냥 눈이 가는 대로, 읽고 싶은 대로 읽으면 된다.

책은 문화의 한 가지다. 문화는 재미를 느끼기 위해서, 감동을 받기 위해서 경험하는 것이다. 공부를 위해서 경험하는 것이 아니라는 뜻이다. 음악을 들으면서 그 곡조와 가사를 하나하나 분석하면서 듣지는 않는다. 그림을 보면서 붓의 터치 상태와 색조의 구조를 분석하면서 감상하지는 않는다. 물론 음악 전문가, 그림 전문가는 그런 식으로 음악을 듣고 그림을 본다. 하지만 이러한 전문가는 음악과 미술이 직업이다. 돈이 걸려 있고, 자신의 명성이 걸려 있다. 전문가에게는 음악을 듣고 그림을 보는 것이 시험을 치르는 것과 같다. 음악과 그림을 '정독'해야 한다.

하지만 음악과 미술을 취미로 하는 사람들은 그런 식으로 노래와 그림을 정독할 필요가 없다. 노래를 듣고 그림을 보는 이유는 어디까지나 자신의 마음이 즐겁기 위해서다. 재미를 느끼고 감동을 받기 위해서다. 그런 경우에는 노래와 그림을 정독할 필요가 없다. 음악을 들을 때의 느낌, 그림을 볼 때의 느낌만 있으면 된다.

책을 읽는 것도 마찬가지다. 책도 문화다. 책을 읽으면서 책의 내용을 느끼고 감동을 받는 것이 가장 중요하다. 책의 내용을 외우고 분석할 필요는 없다. 노래의 경우 모든 부분을 다 듣지 않고 마음에 드는 부분만 반복해서 듣는 경우도 있다. 책도 마찬가지다. 모든 부분을 다 읽지 않고 자신의 마음에 드는 부분만 골라 읽어도 상관이 없다.

이런 식으로 책을 읽으면 책과의 관계에서 주도적인 역할을 하는 존재는 나 자신이다. 내가 책의 내용을 평가하고, 책이 좋은지 나쁜지를 판단한다. 책의 내용이 좋다고 생각하면 받아들이고, 책의 내용이 별로라고 생각하면 무시한다. 책의 내용이 좋다고 생각하면 좋은 기분을 느끼면 되고, 나쁘다고 생각하면 던져버리면 된다. 내가 주인이고 책은 종이다. 내가 하고 싶은 대로 책을 다루면 된다.

공부를 위해 읽는 책은 그럴 수 없다. 무조건 책을 읽고 내용을 익혀야 한다. 하지만 즐기기 위한 책은 그렇지 않다. 그냥 편한 대로 읽으면 된다. 빨리 읽히면 속독을 하고, 중간에 좋은 내용이 있어서 자세히 읽고 싶으면 그 부분만 정독하면 된다. 책의 주된 내용만 파악하면 어떻게 읽든 크게 상관없다. 책을 읽으면서 재미를 느끼고 감동을 받는 것이 가장 중요한 부분이기 때문이다.

자기계발서는 순수하게 재미를 위해서만 읽는 책은 아니다. 하지만 공부를 위해서 읽는 책도 아니다. 공부를 위해서 읽는 책이 아니기 때문에 반드시 정독할 필요는 없다. 책의 내용을 하나하나 모두 파악하려고 애쓸 필요는 없다. 하지만 자기계발서는 단순히 재미만을 위해서 읽는 책이 아니라 궁극적으로 지금보다 성장하겠다는 목적을 가지고 대하는 책이다. 그렇기 때문에 단순히 재미만을 위해서 읽는 것처럼 아무 생각 없이 읽는 것보다는 이 내용을 어떻게 내 상황에 적용할까, 이 내용을 그대로 따라볼까 등을 생각하며 읽으면 더 효과가 있을 것이다. 그러나 이런 생각 없이 그냥 재미로 읽었을 때도 효과가 전혀 없는 것은 아니다. 자기계발서를 계속해서 읽기만 해도, 그 내용을 외우고 정독하지 않아도 저절로 생각이 변화하는 효과가 있다.

사실 나 자신도 그랬다. 자기계발서는 순전히 재미로만 읽었다. 자기계발서를 읽어서 나 자신을 발전시키고, 또 변화시켜야겠다는 목적의식이 없었다. 하지만 그렇게 순수하게 재미로만 읽어도 2년 정도 읽다 보니 마음에 변화가 생겼다. 자기계발서의 내용들을 직접 실천해보고자 하는 마음의 변화와 행동의 변화가 이어졌다. 그냥 재미로만 가볍게 읽어도 계속해서 읽는다면 효과가 나타난다. 이렇게 아무 생각 없이 재미로만 읽어도 효과가 있기는 하겠지만 시간은 오래 걸린다. 만약 처음부터 자기계발서의 내용을 받아들이고자 마음먹고 의식적으로 책을 읽었다면, 사고방식이 변화하는 데 2년까지는 걸리지 않았을 것이다. 처음부터 목적의식을 가지고 자기계발서를 읽었다면 좀 더 빠른 시간 내에 변화가 이루어졌을 것이다.

그렇지만 만약 자기계발서를 목적의식을 가지고 공부하는 식으로만 읽었다면 그렇게 2년 동안 계속해서 자기계발서를 읽어나갈 수 있었을까? 아니다. 그저 재미로, 속독으로 쉽게 읽었기 때문에 2년 동안 계속 자기계발서를 읽어나갈 수 있었다. 자기계발서를 계속 읽어나갔기 때문에 효과를 볼 수 있었다.

자기계발서를 주의 깊게 정독하면서 읽을 필요는 없다. 정독은 공부하는 데 필요한 책을 읽을 때나 사용하는 방법이다. 속독으로 읽으면 된다. 재미있는 부분과 감명을 주는 부분만 찾아서 읽어도 된다. 특별히 마음에 와 닿아 내키는 부분이 있으면 그때는 정독해도 된다. 중요한 것은 자기계발서에서 재미를 느끼는 일이다. 그래야 자기계발서를 계속해서 읽어나갈 수 있다.

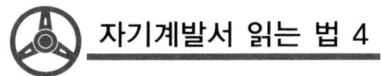 **자기계발서 읽는 법 4**

실행하고 이용하라

　자기계발서는 독자들에게 이렇게 하라, 저렇게 하라, 이렇게 하는 게 좋다, 저렇게 하는 게 좋다 등의 말들을 많이 한다. '도전 정신을 가져라', '실패를 받아들여라', '창의적으로 일하라' 등 마음가짐에 대한 요구를 하는 경우도 있고 '자신의 목표를 적어라', '미래 일기를 써라', '버킷리스트를 만들어라', '시간 계획서를 만들어라' 등 실제 행동에 필요한 팁을 제시하는 경우도 있다.

　자기계발서가 하는 이야기가 '목표를 설정하라', '구체화하라' 등 몇 가지밖에 되지 않는다고 앞에서 이야기했지만, 사실 세부적으로 살펴보면 모두 다른 이야기를 하고 있다. 목표를 설정하라고 했지만 1년 후의 목표를 설정해야 하는지, 5년 후의 목표를 설정해야 하는지, 10년 후의 목표를 설정해야 하는지에 대해서도 조금씩 다르다. 그리고 목표를 하나만 정해야 하는지 여러 개를 정해야 하는지, 아니면 아예 버킷리스트처럼 개수에 상관없이 수십 개, 수백 개를 적어도 되는지에 대해서도 차이가 난다.

'목표를 구체화하라'는 것 또한 모든 자기계발서에서 일반적으로 하는 이야기이다. 그런데 목표를 구체화하는 방법에는 굉장히 여러 가지가 있다. 머릿속에서 상상하는 방법, 종이에 적는 방법, 그림을 그리는 방법, 잡지 등에서 사진을 찍는 방법, 동영상을 만드는 방법 등 매우 다양하다. 종이에 적는 방법이라고 하더라도 작은 종이에 써서 지갑 속에 넣고 다니는 방법, 종이를 책상 앞에 붙여놓는 방법, 크게 써서 벽에 거는 방법, 코팅을 해서 변경할 수 없게 하는 방법 등 여러 가지가 있다.

이 방법들은 같은 내용을 이야기하는 것 같아도 차이가 있다. 그리고 이 방법들은 동시에 사용할 수 없다. 어느 한 가지 방법을 채택하면 다른 방법은 사용할 수 없다. 설사 동시에 사용할 수 있더라도 그 다양한 방법들을 모두 실천하려고 한다면 준비 과정만으로도 에너지를 다 소비할 것이다.

자기계발서를 읽고 어떻게 활용할 것이냐는 사실 기술이 아니라 예술의 영역이다. 기술의 영역은 모든 사람들에게 공통적으로 적용된다. TV가 고장 나서 고치려고 할 경우, 누구나 같은 방법으로 TV를 수리한다. 고장 난 부위를 찾고 망가진 부품 등을 새것으로 교체해주면 된다. 수준이 낮은 전기기사는 부품을 바꾸고, 수준이 높은 전기기사는 심리 치료를 하는 것이 아니다. 누구나 유사한 방법으로 문제를 해결한다. 이렇게 모든 사람이 같거나 비슷한 방법을 사용하여 문제를 해결하는 것은 기술의 영역이다.

하지만 예술의 영역은 그렇지 않다. 예술이 아름다움을 느끼게 하는 영역이라고 볼 때, 아름다움을 느끼는 포인트는 모든 사람들이 다 다르다. 미의 기준이 사람들마다 다르고, 감동을 받는 포인트도 다르다. 예술의 영역에서는 모든 사람에게 적용되는 한 가지 기준이란 게 없다. 한 가지 방법만이 유용한 것도 아니다. 그 예술 작품을 대하는 사람들의 수만큼 다양한 기준과 방법이 존재한다.

프랑스 파리 루브르 박물관에 있는 〈모나리자〉는 현재 세계에서 가장 유명한 예술 작품 중 하나다. 〈모나리자〉는 세상 사람들 누구나 다 알고 있고, 세계 최고급의 예술 작품이라는 것을 인정한다. 루브르 박물관의 다른 곳은 사람들이 띄엄띄엄 있더라도 〈모나리자〉 앞은 항상 붐빈다. 많은 사람들이 〈모나리자〉를 보기 위해서 몰려든다. 그런데 〈모나리자〉를 직접 본 사람들 중에서 감동을 받은 사람이 얼마나 될까? 그림을 보고 아름답다고 느낀 사람들이 얼마나 될까? 장담하건데, 직접 〈모나리자〉를 본 사람들 중에서 〈모나리자〉의 예술성에 감명을 받는 사람은 거의 없다. 〈모나리자〉를 보고 아름답다고 생각하는 사람들도 거의 없다. 그저 유명하니까 직접 보는 것이다. 아무리 세상에서 인정받고 유명한 작품이라 하더라도, 예술적으로 감명을 받는다는 것은 다른 이야기다.

루브르 박물관에 갔을 때, 〈모나리자〉에 대한 지식을 얻는 것이 목적이라면 〈모나리자〉를 봐야 한다. 하지만 예술적 감명을 받는 것이 목적이라면 〈모나리자〉를 일부러 찾을 필요는 없다. 자신에게 예술적 감명을 주는 작품을 찾아서 루브르 박물관을 돌아다녀야 한다. 하루 종일 돌아다니면 몇 개 정도 발견할 수 있을 것이다. 루브르 박물관의 몇만 개 예술 작품 중에서 자신에게 감명을 주고 마음을 움직이는 작품 10개 정도만 발견해도 대성공이다. 자신에게 예술적으로 맞는 작품을 만나기란 그토록 어려운 일이다.

자기계발의 방법은 기술이 아니라 예술이다. 예술은 자기 자신에게 맞아야 한다. 사회에서 아무리 좋다고 해도, 다른 사람들이 감동을 받고 효과를 보았다고 해도 소용없는 일이다. 자기 자신에게 맞는 방법이어야 한다. 그런데 사실 자신에게 맞는 방법을 찾는 것은 그렇게 쉬운 일이 아니다. 자기계발서에서 제시한 몇 가지 방법 중에서 뚝딱 하나 고르는 방식으로는 자신에게 꼭 맞는 방법을 찾기 어렵다.

자신에게 어울리는 옷을 산다고 생각해보자. 여러 가게를 돌아다니면서 옷을 고른다. 정말 수많은 옷들 중에서 하나를 선택한다. 손으로 직접 들고 입어본 옷은 몇 개 되지 않더라도 눈으로 훑어본 옷가지들은 엄청나게 많다. 정말 수백, 수천 벌 중에서 자신의 마음에 드는 하나를 선택해서 사는 것이다.

옷은 자신에게 어울리는 것으로 골라야 한다. 자신의 몸에 맞는 것 하나를 선택할 때에도 몇백 개, 몇천 개 중에서 고른다. 그런데 자기계발 방법은 자신의 마음에 맞아야 한다. 자신의 몸에 맞는 것을 고르는 것과 자신의 마음에 맞는 것을 고르는 것 중에 어떤 것이 더 어려울까? 자신의 마음에 맞는 것을 고르는 게 몸에 맞는 것을 고르는 것보다 어렵다. 자신의 마음에 맞는 자기계발 방법을 찾는 것은 마음에 드는 옷이나 가방을 만나는 것보다 더 어려운 일이다.

여러 권의 자기계발서를 계속 읽어야 하는 이유 중 하나는 이것이다. 자기계발서마다 자기계발을 하는 자신만의 방법들을 소개한다. 그런데 이 방법들이 모두 내게 효과가 있는 것은 아니다. 효과가 있는 것도 있고 없는 것도 있다. 단기적으로만 적용되는 게 있고, 장기적으로도 적용되는 게 있다. 다른 사람들에게는 효과가 있지만 내게는 효과가 없는 것이 있고, 처음에는 효과가 없다가 나중에는 효과가 있는 방법들도 있다. 이 모든 것들 중에서 자신에게 맞는 방법을 스스로 찾아야 한다.

자기계발서를 읽으면서 그 책에서 제시하는 모든 방법들을 바로 실행하려고 하는 것은 바보 같은 짓이다. 그 방법들이 아무리 좋은 방법이더라도 자기 자신에게 바로 적용될 수는 없다. 다이어트 하는 방법으로 가장 좋은 것은 덜 먹고 계속 운동하는 것이다. 이렇게 좋은 방법을 알았으니 오늘부터 덜 먹고 운동해서 몸무게를 확실히 뺄 수 있을까? 방법을 알았다고 해서 바로 실천할 수 있는 게 아니다. 억지로 계속 먹지 않을 경우 스트레스만 받고 결국은 실패한다.

자기계발도 마찬가지다. 좋은 방법이 있다고 하더라도 자기 자신에게 바로 적용되는 것은 아니다. 우선 좋다고 생각되는 방법 중에서 자신이 할 수 있는 것을 골라야 한다. 자기계발서 한 권을 다 읽었지만 특별히 마음에 끌리는 방법이 없다면? 그러면 그 책은 넘어가고 다른 책을 읽어나간다. 그렇게 해서 마음에 드는 방법을 찾으면 해보려고 시도하고, 잘되면 그 방법을 계속 적용한다. 만약 시도했는데 잘되지 않으면? 그 방법을 치우고, 다른 자기계발서에서 맘에 드는 방법을 찾아 다시 적용해본다.

현재 자신에게 맞는 방법을 사용하고 있다 하더라도 다른 자기계발서를 계속 읽다 보면 지금의 방법을 보다 개선할 방법을 찾을 수 있다. 현재 사용하는 방법을 폐기하고 다른 방법으로 넘어갈 수도 있고, 아니면 현재의 방법을 수정해서 보완해도 된다. 그렇게 계속해서 자기계발서가 말하는 내용들을 조금씩 반영해나가다 보면 결국에는 자기 자신에게 맞는 방법을 찾을 수 있다.

이 과정이 하루 이틀에 완성되지는 않는다. 그리고 바로 완성본이 나오는 것도 아니다. 자기계발서를 계속 읽어나가면 계속해서 업데이트가 될 것이다. 나도 자기계발서를 읽기 시작한 지 몇 년이 지났지만, 지금도 자기계발서를 읽다 보면 '아, 이렇게 하면 지금보다 좀 더 좋겠구나' 하는 내용을 계속 발견한다. 그렇게 자기계발서를 읽으면서 자신에게 맞는 부분을 찾아서 조금씩, 조금씩 적용해나가라.

어제와 다른 오늘을 위하여

 어떻게 살아야 제대로 사는 것일까? 어떻게 살아야 행복하게 사는 것일까? 어떻게 하면 큰 부자가 될 수 있을까? 사실 나는 그에 대한 답을 가지고 있지 않다. 어떻게 살아야 잘사는 것인지 잘 모른다. 물질적으로 풍요로워야 잘사는 것인지, 가족들과 잘 지내야 잘사는 것인지, 직업적으로 성공을 해야 잘사는 것인지, 아니면 사회적으로 명성을 얻어야 잘사는 것인지, 나는 잘 모른다. 그리고 어떻게 해야 100억대 이상의 큰 부자가 될 수 있는지도 잘 모른다. 무슨 일을 해야 100억대의 부자가 될 수 있는지, 어떻게 해야 10층짜리 빌딩을 살 수 있는지도 모른다.

 내가 알고 있다고 다른 사람들에게 확실히 말할 수 있는 것은 직접 경험한 것, 그리고 주변 사람들이 경험하고 있는 것들뿐이다. 어떻게 하면 소위 명문대학에 들어갈 수 있는지에 대해서는 말할 수 있다. 어떻게 해야 박사 학위를 받을 수 있는지, 그리고 교수가 되기 위해서는 무엇이 필요한지도 말할 수 있다. 그리고 또 벤츠를 사려면 어떻게 해야 하는지도 말할 수 있다.

명문대를 졸업하고 박사 학위를 받고 연구원이 되거나 교수가 되는 길에 대해서는 자세히 말할 수 있다. 그리고 공무원이 되거나 대기업에 입사하기, 자격증을 가진 전문가로서 사회에서 활동하는 것에 대해서도 말할 수 있다. 이 일들은 내가 직접 경험하거나 내 주위 사람들이 직접 하고 있는 일들이다. 하지만 이것이 과연 사람들을 행복으로 이끄는 길인지, 제대로 살게 하는 길인지에 대해서는 자신이 없다. 단 분명하게 말할 수 있는 한 가지는 경제적으로 잘사는 길은 아니라는 것이다. 이 길만을 걷는다면 평생 벤츠를 살 수 없다.

아무런 보상을 바라지 않고 자기가 원해서 좋은 대학에 들어가거나 사회적으로 이름난 직장에 들어가는 것도 좋은 일이다. 하지만 그렇다고 해서 잘살 수 있다는 생각은 분명히 오해다. 벤츠를 살 수 있을 정도로 경제적 여유가 생기는 일은 요원하다.

열심히 해도 경제적 보상이 따르지 않는 일은 그 일을 하고 싶어서 하는 사람이 하면 된다. 자신이 하고 싶은 일을 하는 데서 자긍심을 얻고 충분히 심적 보상을 받는다. 이미 그 길을 가고 싶어 하는 사람에게 굳이 그 길을 가라고 추천할 필요도 없다. 주위에서 뭐라고 하든, 하고 싶은 사람은 알아서 그 길을 간다.

하지만 이 세상에는 경제적으로 여유 있는 삶을 살기 위해서 좋은 학교나 좋은 직장을 얻으려는 사람들이 있다. 좋은 대학과 좋은 직장을 가지면 경제적으로 여유 있게 살 수 있다는 것은 오해다. 그러나 많은 사람이 그렇게 생각하면서 경제적 여유를 얻기 위해 공부한다. 하지만 그렇게 열심히 공부해도 벤츠는 살 수 없다. 벤츠를 사려면 다른 길이 필요하다. 좋은 대학을 들어가고 좋은 직장을 가지는 것 말고 다른 길이 필요하다.

내가 벤츠를 살 수 있었던 것은 자기계발서 덕분이다. 명문대를 다녔다고 벤츠를 살 수 있었던 게 아니다. 좋은 직장에 다닌다고 벤츠를 살 수 있는 것도 아니었다. 좋은 대학을 나오고 좋은 직장에 들어갔지만, 여전히 벤츠는 꿈속에서도 기대할 수 없는 차였다. 그런데 자기계발서를 읽으면서 나도 벤츠를 살 수 있을지도 모른다는 생각이 들기 시작했다. 자기계발서를 읽으면서 벤츠를 사는 것을 목표로 내세울 수 있었다. 그 이전에는 벤츠를 사는 것을 목표로 삼을 수도 없었다. 목표로 세워도 절대로 이룰 수 없으리라고 생각했기 때문이다. 몇십 년 교수 생활을 해보았자 교수 월급은 뻔하다. 그런데 자기계발서를 읽으면서 벤츠를 살 수 있다는 희망을 가졌다. 그리고 결국은 벤츠를 샀다. 내가 벤츠를 사는 데에는 학벌, 직업이 아무 상관이 없었다. 변화는 자기계발서를 읽으면서 나타났다.

이제 나는 분명히 말할 수 있다. 자기계발서를 계속 읽으면 벤츠를 살 수 있다. 아니, 엄밀히 말하면 벤츠를 목표로 삼으면 벤츠를 살 수 있다. 다른 것을 목표로 삼는다면 그 목표를 달성할 수 있다. 그 목표가 너무 크고 높다면 아무리 자기계발서를 읽는다고 하더라도 달성하지 못할 수 있다. 하지만 자기계발서를 계속 읽으면 그 높은 목표에 보다 가까워질 것이다.

사회에서는 잘살기 위해서는 공부를 열심히 하고 영어를 잘하라고 한다. 좀 더 열심히 살라고 한다. 그런데 열심히 한다고 해서 무조건 목표가 달성되는 것은 아니다. 학과 공부를 열심히 하면 성적을 올릴 수 있다. 영어 공부를 열심히 하면 토익 점수를 올릴 수 있다. 하지만 학과 공부를 열심히 한다고 해서 영어 토익 점수가 오르는 것은 아니다. 방향이 맞아야 한다. 원인이 있으면 결과가 있다. 원하는 결과를 얻기 위해서는 원하는 결과를 이끌어낼 원인에 대해서 노력해야 한다. 그래야 열심히 했을 때 원하는 목적을 달성할 수 있다.

자기계발서는 궁극적으로 그 시스템을 가르쳐준다. 자신이 원하는 목표를 먼저 정하고, 그 목표에 적합한 방향으로 노력하게 도와준다. 그렇게 방향성이 있는 노력을 끌어내기 때문에 원하는 목표를 달성할 수 있다. 하지만 사회에서 일반적으로 요구하는 공부, 영어, 업무 전문성 등은 그 목표와 방향이 분명하지 않다. 그래서 공부나 영어, 업무를 아무리 열심히 하더라도 원하는 것을 얻는 일이 불확실하다. 자기계발서는 보통 사람들이 이처럼 사회의 일반적인 사고방식에 물들어 있는 것을 치유해준다. 목표와 방향을 설정하고 그에 따라 노력하라는 근본 원리를 말해준다. 그래서 자기계발서의 내용을 익히면 자신의 목표에 보다 가까워질 수 있다.

다른 자기계발서와 달리 내가 이 책에서 강조하는 내용은 자기계발서를 계속해서 읽으라는 것이다. 좋은 자기계발서 한두 권을 읽고 '이쯤이면 됐어'라고 생각하지 마라. 그 내용을 다 알았다는 생각으로 자기계발서를 접지 마라. 그렇게 자기계발서 읽는 일을 멈추면 실제 결과를 얻기가 쉽지 않을 것이다. 설사 처음에 세운 목표를 달성했다 하더라도 거기서 멈추게 될 것이다. 그다음에 더 나은 세상이 있는데 그 세상을 알기도 전에 멈추어버린다.

자기계발서는 계속해서 읽어야 한다. 자기계발서는 지식을 얻기 위해서 읽는 책이 아니다. 행동을 변화시키고 원하는 목표를 달성하기 위해서 읽는 책이다. 그렇게 원하는 목표를 달성하기 위해서는 계속해서 읽어야 한다.

자기계발서를 계속해서 읽으면 몇백 억대의 재벌급 부자가 될 수 있을까? 저명한 사회 인사가 될 수 있을까? 그건 잘 모르겠다. 하지만 벤츠를 사는 수준 정도에는 분명히 도달한다. 한국의 고급 주상복합인 타워팰리스에 살 수준 정도는 가능하다. 자기계발서를 계속 읽는다면 그 정도 수준까지는 분명히 도달할 수 있다.

나는 소위 명문대를 나왔지만 벤츠를 사려면 공부를 열심히 해야 한다고 말하지 않는다. 교수라는 직업을 가지고 있지만 벤츠를 사려면 교수가 되는 게 좋다고 추천하지 않는다. 주위에 판사, 검사, 변호사, 회계사 등이 많이 있지만, 벤츠를 사려면 이러한 전문직 시험을 보라고도 말하지 않는다. 내가 추천하는 것은 자기계발서를 계속 읽으라는 것이다. 벤츠를 살 능력을 기르기 위한 가장 확실한 방법은 자기계발서를 계속 읽는 일이다. 자기계발서를 계속 읽으면 자신이 원하는 꿈에 좀 더 가까워진다.

에필로그

꿈을 적은 이후부터 벤츠를 살 때까지의 짧은 실행기

　오랫동안 수많은 자기계발서를 읽다 보니 한 가지 사실을 발견하게 되었다. 대다수 자기계발서가 '자신의 목표를 적으라'고 말한다는 것이다. 처음에는 그저 단순한 의견에 불과하다고 치부했지만 반복해서 듣다 보니 목표를 이루는 데 그 방법이 정말로 효과가 있을지도 모른다는 생각이 들었다. 이 정도로 생각이 진전된 후에도 당장 내게 적용해볼 생각은 하지 못했다. 한참이 지난 후에야 '나도 목표를 써보자!'라는 결심이 섰다. 그리하여 종이에 적은 목표가 '벤츠 사기'였다.

　목표를 종이에 쓰고 나니 또 다른 질문이 떠올랐다. 종이에 쓸 목표는 몇 개가 적당할까? 내가 이루고 싶은 목표는 수십 가지인데 이들을 모조리 써야 할까, 한 가지만 골라서 써야 할까? 그 대답 역시 어느 자기계발서에 있었다. 너무 많이 쓰면 목표에 집중하지 못한다. 그렇다고 하나만 쓰면 지나치게 단조롭다. 자기계발서가 추천하는 목표 개수는 6~7개였고 나는 그 말에 따라 목표를 추렸다. 그런데 또 다른 자기계발서를 읽다 보니 목표를 단순히 종이에 적는 것보다 사진으로 찍어 간직하는 게 더 좋다고 했다. 나는 또 그 말에 따라 목표들을 그림으로 그렸다. 그러고는 한데 그러모은 후 사진으로 찍었다. 명품을 몸에 지니는 게 좋다고 말하는 자기계발서도 있었다. 역시 그 말에 따라 매우 비싼 명품 지갑을 샀다. 한마디로 나는 자기계발서가 요구하는 행동을 한 가지씩 계속 실천했다. 목표를 종이에 적는 행동이 자기계발서의 내용을 처음으로 실행에 옮긴 일이다. 그다음부터는 자기계발서를 읽다가 공감하는 내용이 나오는 족족 꾸준히 실천에 옮겼다.

대다수 자기계발서는 독자들로 하여금 그저 '생각'만 하라고 말하지 않는다. 물론 생각만으로도 모든 게 이루어진다고 주장하는 자기계발서도 있지만, 대부분은 실천을 강조한다. 자기계발서는 계획을 세우고 실행하라고, 또 실패해도 계속 시도하라고 요구한다. 목표를 이루려면 어떤 방법을 찾아야 하는지도 이야기한다.

여러분도 나와 같이 '벤츠 사기'를 목표로 적었다고 하자. 그럼 어떻게 해야 벤츠를 살 수 있을까? 좋은 사람이 된다고 해서 벤츠를 살 수 있는 건 아니다. 공부를 더 열심히 한다고 해서 벤츠를 살 수 있는 것도 아니다. 벤츠를 사려면 돈이 있어야 한다. 그럼 어떻게 하면 돈을 벌 수 있을까? 보통의 월급쟁이가 돈을 버는 방법은 승진이다. 계속 승진하고 정년 가까이 직장을 다닌다면 벤츠를 사기에 충분한 월급을 받을지도 모른다. 하지만 그때까지는 너무 오랜 시간을 기다려야 한다. 몇 년 사이에 해낼 수 있는 일이 아니다. 결국 월급 이외에 돈을 벌 방법을 찾아야 한다. 1년에 몇백만 원이 아닌 몇천만 원에 가까운 추가 수입을 얻을 방법을 찾아야 한다.

나는 어떤 방법을 찾았을까? 내가 있는 분야에서 추가 수입을 얻는 가장 일반적인 방법은 연구 프로젝트 참여다. 연구 프로젝트에 참여하면 한 프로젝트당 몇백만 원의 수입을 추가로 얻을 수 있다. 그래서 나는 의뢰가 들어오는 프로젝트를 가리지 않고 수행했으며 그것도 모자라 다른 프로젝트를 찾아 돌아다니기도 했다. 그런데 프로젝트를 진행하는 데는 노동과 시간이 꽤 많이 투여되고 내 분야의 프로젝트 수입은 수행 시간에 비례한다. 일을 더 하면 그 시간만큼 추가 수입을 얻을 수 있지만 사람이 하루에 일할 수 있는 시간은 한계가 있다. 당시 프로젝트로 어느 정도의 추가 수입은 달성할 수 있었지만 그 이상은 힘들었다. 물리적으로 한계에 부딪혔다. 그래서 나는 또 다른 일을 찾아 나섰다.

학자들이 논문을 제출하면 격려금을 지급하는 곳이 있다. 대부분 학회지는 논문을 제출했다는 이유로 돈을 지급하지는 않는다. 오히려 심사료, 게재료를 내야 논문을 실어준다. 하지만 학회지를 발전시키고자 하는 곳, 학회를 보다 널리 알리려고 하는 곳, 해당 주제에 대한 연구를 독려하는 곳에서는 논문을 게재하면 돈을 주기도 한다. 한 편당 적은 곳은 50만 원 정도, 많으면 200만 원 정도의 격려금이 지급된다.

나는 열심히 이런 곳을 찾아 논문을 기고했다.

주식도 했다. 주식은 이전부터 관심을 두고 있었고 이미 조금씩 하고 있었다. 그러나 벤츠를 사겠다는 목표를 세운 이후부터는 본격적으로 뛰어들었다. 적금, 보험예금으로 있는 돈을 해약하고 모두 투자금으로 돌렸다. 주식 시장의 추이를 주의 깊게 연구하며 투자했다. 매일매일 주식 거래를 하는 데이트레이딩 거래도 새로 시작했다. 하지만 단타 거래에서는 거의 이익을 내지 못했다. 그러나 당시 주식 시장은 장기적 상승세였고, 다행히 몇 달 이상 보유한 주식들에서 몇십 퍼센트의 수익을 올렸다. 주식 시장 중에서도 위험성이 가장 높은 상품에 해당하는 옵션거래도 했다. 하지만 옵션거래는 수익률이 높지 않았다. 대부분 종목에서 손실이 났다. 다행히 한 종목에서 2배 이상의 수입을 올리는 바람에 전체적으로는 손해를 보지 않았다. 하지만 이득도 없었다.

로또도 샀다. 로또에서 당첨될 확률은 800만 분의 1이다. 로또가 당첨되리라는 기대 자체가 어불성설이다. 하지만 달리 생각하면 로또는 이번 주말에 10억 이상의 돈이 생길 가능성이 800만 분의 1이나 된다. 10억이 한 번에 생길 일은 로또 외에 아무것도 없다. 사업을 열심히 하면 10년 후에 10억 이상의 돈이 생길 가능성이 로또보다 더 높을 것이다. 하지만 현재의 내가 사업을 시작해서 이번 주말에 10억이 생길 가능성은 0퍼센트이다. 이런 현실에서 800만 분의 1이라는 확률은 굉장히 낮은 수치이지만 어쨌든 가능성은 있다. 1주일에 1만 원씩 계속 로또를 샀다. 물론 아직 당첨된 적은 없다. 5만 원짜리 4등은 몇 번 당첨되었지만, 3등 이상으로 당첨된 적은 없다.

주변 사람이 사업을 새로 시작할 때 그 사업에 지분 투자도 했다. 아는 지인이 몇억 원이 들어가는 사업을 새로 시작하려고 했다. 하지만 자본이 부족해서 주위 사람에게서 투자금을 유치하고자 했다. 10여 명의 사람이 투자에 참여했기 때문에 한 사람이 부담하는 몫은 그렇게 크지 않았다. 나는 여기에 지분 참여를 했다. 이 사업은 망하지는 않았지만 아주 잘되지도 않았다. 은행 이자보다 훨씬 더 높은 이익 배당을 받았지만 대박이 났다고 말할 만한 수준은 아니었다.

경매도 배웠다. 경매 교육기관에서 몇 주 동안 교육을 받아 경매상담사 자격증도 땄다. 하지만 부동산 경매를 하려면 무엇보다 자본금이 많아야 한다. 서울에서 경매에 본격적으로 참여하려면 아무리 작은 부동산도 1억 원 이상이 필요하다. 아쉽게도 내게 그런 돈은 없었다. 경매를 배웠음에도 직접 활용하지는 못했다.

지금까지의 이야기를 한마디로 요약하자면, 나는 돈을 벌기 위해서 내가 할 수 있는 일은 뭐든지 했다. 내 직장에서 추가 수입을 얻을 방법인 프로젝트 수행과 논문 쓰기를 제일 많이 했고, 데이트레이딩, 옵션, 스윙거래 등의 주식도 했다. 지분 투자, 경매, 복권 등 할 수 있는 일은 모두 시도했다. 아마 이외에도 돈을 벌 방법은 무궁무진할 것이다. 하지만 보통 사람이 접근하기 어렵고 나 역시 전혀 알지 못하는 분야에 대해서는 노력을 쏟을 수 없었다. 나는 내가 알고 있는 돈 버는 법이라면 모조리 연구하고 시도했다. 이득을 얻은 곳도 있고 손실이 난 곳도 있다. 소위 말하는 '대박'은 없었지만, 전체적인 자산 규모는 꾸준히 늘어났다. 그 사이에 월급도 조금 올랐다.

이러저러한 시도를 하다가 이익을 얻으면 다시 재투자했다. 프로젝트로 들어오는 돈을 주식에 넣고, 또 돈이 모이면 지분 투자를 하는 식이다. 이전에는 월급 외의 부수입이 생기면 그저 용돈으로 사용하거나 저축을 했을 따름이다. 하지만 벤츠를 사겠다는 구체적인 목표가 있고 그 목표를 이루기 위해 노력하고 있을 때에는 모든 수입을 재투자로 돌렸다. 벤츠를 사려면 1억 원에 가까운 현금이 있어야 했다. 단순히 저축만 해서는 모으기 어려운 돈이다.

'벤츠 사기' 목표를 종이에 적은 지 2년 정도가 지나자 드디어 벤츠를 살 만큼의 현금이 만들어졌다. 그렇게 큰돈을 현금으로 가지고 있어본 게 처음이다. 벤츠를 사겠다는 목표가 없었다면 이 돈을 모을 수 있었을까? 아마도 중간에 이런저런 이유를 붙여 모두 다 써버리고 말았을 것이다.

자, 내게는 벤츠를 살 수 있는 돈이 생겼다. 나는 바로 벤츠를 살 수 있었을까? 아니다. 의아하겠지만 사실 벤츠를 사기 전에 가장 어려웠던 시기는 바로 이때였다. 나는 벤츠를 사기 위해 돈을 모았고, 이제 실제로 그 돈을 가지고 있다. 그런데 무수한 질문이 떠올랐다. 이 돈으로 정말 벤츠를 사야 할까? 이 돈이면 주식을 하더라도 지금보다는 훨씬 더 잘할 수 있고, 투자도 더 잘할 수 있다. 현금으로 이 정도의 돈을 가지고 있다는 것 자체에서 느끼는 만족감도 굉장히 높다. 그런데 이 돈을 과연 벤츠를 사는 데 써버려야 하는 걸까? 지금 있는 차도 크게 문제는 없다. 그동안 벤츠를 사기 위해서 돈을 모았고, 그렇게 수입이 늘어났으니 만족하면 되지 않을까? 반드시 벤츠를 살 필요는 없지 않을까?

이성적으로 생각하면 분명히 벤츠를 사지 않는 것이 더 나았다. 하지만 이때의 목표는 돈을 버는 것이 아니라, '벤츠 사기'였다. 이때 내가 깨달은 한 가지 사실은 돈이 많아도 벤츠를 살 수 있다는 보장은 없다는 것이다. 주위에는 벤츠를 살 수 있는 충분한 돈이 있으면서도 사지 않는 사람들이 많이 있다. 사실 벤츠 E클래스는 7000만 원 정도만 가지고도 충분히 살 수 있다. 주요 대도시 아파트에서 전세로 사는 사람들은 모두 벤츠를 살 경제력이 있는 사람들이다. 하지만 이 사람들은 벤츠를 사지 않는다. 벤츠를 사려고 마음만 먹으면 살 수 있지만 굳이 벤츠를 사려고 하지는 않는다.

나 역시 갈등했다. 돈과 실용성만을 따지면 벤츠를 사지 않는 게 맞다. 하지만 자기계발서가 누누이 강조한 것은 목표를 정하고 그 목표를 달성하는 것 그 자체였다. 자기계발서는 자기 목표를 달성하는 게 중요하지 돈을 더 많이 가지는 게 중요하다고 말하지 않는다. 그런 생각 끝에 나는 마침내 벤츠를 사기로 결정했다.

벤츠를 사기 직전, 그러니까 내게 충분한 현금이 있던 시절로 돌아간다면 나는 여전히 벤츠를 살까? 아니면 계속 재투자를 해서 더 많은 수익을 늘리려고 할까? 지금의 난, 이 질문에 분명히 답할 수 있다. 벤츠를 사기로 한 내 결정이 맞았다. 목표를 세우고, 그 목표를 달성할 방법을 찾고, 결국 그 목표에 다가가는 것, 그 과정 자체가 가장 소중한 것이다. 만약 그때 벤츠를 사지 않기로 했다면 돈은 남아 있겠지만, 목표 설정에서 목표 달성까지의 과정이 반복되는 자기계발의 메커니즘이 계속될 수는 없었을 것이다. 이제는 아주 확실히 말할 수 있다. 내가 벤츠를 살 수 있었던 이유는 단순히 돈을 더 많이 벌었기 때문이 아니다. 돈을 더 많이 번다고 해서 벤츠를 살 수 있는 게 아니다. 나 자신이 목표로 세운 것을 반드시 이루라고 강권하는 자기계발서 덕분에 벤츠를 살 수 있었다.

부록

교수가 사랑한 자기계발서 10

 내가 그동안 읽은 자기계발서는 수백 권에 이른다. 그 모든 자기계발서가 지금의 내게 영향을 미쳤다. 이미 아는 내용만 줄줄이 쓰인 자기계발서라고 하더라도, 기존에 알고 있던 내용을 다시 상기시켜 마음으로 받아들일 수 있게 도움을 주었다.

 이제껏 전혀 몰랐던 새로운 내용을 알려주고 또 깊은 감명을 준 자기계발서도 있다. 그 몇몇 책들을 소개한다. 참고로 론다 번의 《시크릿》, 나폴레온 힐의 《씽크 앤 그로우 리치(Think, and grow rich)》, 앤서니 라빈스의 《네 안에 잠든 거인을 깨워라》, 스티븐 코비의 《성공하는 사람들의 7가지 습관》 등과 같은 이미 아주 유명한 책들은 여기서 따로 이야기하지 않았다(단, 한 종만 빼고).

1. 《지금 당장 롤렉스 시계를 사라》, 사토 도미오, 에버리치홀딩스

저자인 사토 도미오는 의학 박사, 이학 박사, 농학 박사이며 경영학 박사이기도 하다. 그런데 그가 박사 공부를 시작한 때는 나이 57세였다. 57세에 공부를 시작해서 여러 개의 박사 학위를 땄고, 나이 80세가 넘어서까지 자기계발과 관련된 다양한 활동을 하고 있다. 사토 도미오는 《지금 당장 롤렉스 시계를 사라》에서 자신의 경험을 바탕으로 어떻게 하면 성공할 수 있는지를 썼다. 그는 이 책에서 명품 경험이 매우 중요하다고 이야기한다. 명품을 경험하면 좋은 것이 어떤 것인지를 알 수 있다. 또 명품을 몸에 지니고 있으면 몸가짐이 달라지고 자신감 있게 행동할 수 있다. 그런 마음가짐과 몸가짐을 가지고 있을 때 성공이 부수적으로 따라온다는 게 중심 내용이다. 사토 도미오는 이 외에도 《잘 노는 사람이 성공한다》 등 많은 자기계발서를 썼다. 모두 다 읽어볼 만하다.

2. 《확률은 성공의 답을 알고 있다》, 노구치 테츠노리, 스마트비즈니스

성공은 훌륭한 사람, 머리 좋은 사람이 달성하는 게 아니다. 이 책은 성공이 단순히 확률 법칙을 따른다고 말한다. 예를 들어 성공할 확률이 50퍼센트인 일이 있다고 치자. 누군가가 이 일을 처음으로 시도하면 성공할 확률 50퍼센트, 실패할 확률 50퍼센트일 것이다. 첫 시도에서 실패한 후 다시 그 일에 도전하면 다시 성공할 확률 50퍼센트, 실패할 확률 50퍼센트이다. 그러나 연이어 두 번 모두 실패할 확률은 25퍼센트이다. 이렇게 보면 세 번째로 도전해서 연속 실패할 확률은 12.5퍼센트, 다섯 번째로 도전해서 연속 실패할 확률은 2.5퍼센트에 불과하다. 바꿔 말하면 다섯 번째 시도했을 때 성공할 확률이 97.5퍼센트라는 것이다. 만약 성공 확률이 30퍼센트인 일이라고 쳤을 때 실패하더라도 네 번째까지 시도하면 76퍼센트는 성공할 수 있다. 이처럼 실패했을 때 포기하지 말고 계속 시도하면 성공한다는 것을 객관적으로 알려주는 책이다.

3. 《보물지도》, 모치즈키 도시타가, 나라원

목표를 적는 일은 중요하다. 하지만 글로 목표를 적기보다는 이미지로 만들 때 훨씬 더 효과가 있다. 그림이나 사진으로 자신의 목표 지도를 만들면 단순히 글로 목표를 적는 것보다 훨씬 더 강력하게 목표가 이루어지는 효과를 얻는다. 《보물지도: 당신의 소중한 꿈을 이루는》은 이렇듯 그림으로 만든 보물 지도의 효용을 이야기하고, 그 보물지도를 만드는 방법을 이야기한다. 보물지도를 만드는 게 과학적 근거가 있을까? 과학적 근거가 있는지는 모르겠다. 하지만 나도 처음에는 목표를 글로만 썼다가 이 책을 읽고 그림으로 만든 보물지도를 만들었다. 효과가 있었느냐고 물어본다면 분명히 말할 수 있다. 효과가 있었다. 보물지도에 붙여놓은 꿈이 모두 달성되지는 않지만, 지금까지 최소한 반 이상은 달성되었다. 내 경험만으로 본다면, 목표를 단순히 글로 적는 것보다는 보물지도가 더 효과가 있다.

4. 《20대에 하지 않으면 안 될 50가지》《30대에 하지 않으면 안 될 50가지》《40대에 하지 않으면 안 될 50가지》, (3권 모두) 나카타니 아키히로, (3권 모두) 바움

저자 나카타니 아키히로의 삶은 정말 대단하다. 그는 배우 겸 연출가다. 베스트셀러 작가이자 영화 평론가다. 그런데 그가 가진 이 다양한 직업보다 그렇게 여러

가지 일을 하는 과정이 더 놀랍다. 베스트셀러 작가지만 1년에 한두 권을 쓰는 작가가 아니다. 무려 60권이 넘는 책을 쓴다. 그는 영화 4000편을 본 다음에 영화 평론가가 되었다. 무얼 하든 엄청난 양의 노력을 쏟아붓고, 그 노력의 양을 바탕으로 무언가를 이루어낸다. 그의 책들은 그런 과정에 대해 쓰여 있다. 독자들은 어느 정도의 노력을 했을 때 어느 정도의 결과를 얻을 수 있는지에 대한 감을 잡을 수 있다. 성공은 운이 아니라 노력의 양에 달려 있음을 분명하게 알려주는 책이다.

5. 《돈과 영어의 비상식적인 관계 1, 2》, 칸다 마사노리, 스튜디오본프리

칸다 마사노리는 일본에서 매우 성공한 컨설턴트다. 컨설턴트로서의 성공 경력을 바탕으로 자기계발과 관련된 책들을 쓰고 있다. 《돈과 영어의 비상식적인 관계 1, 2》는 영어를 어떻게 배우며, 배운 영어를 바탕으로 어떻게 성공할 수 있는가를 이야기한다. 이 책은 방법론을 다룬 점이 아주 좋다. 단순히 '목표를 정한 다음 노력하라'가 아니라, '노력할 때 어떻게 해야 하는지'에 대해서 말한다. 영어 배우기가 주된 이야기지만, 영어 외에 다른 것을 배울 때도 충분히 활용할 수 있다.

6. 《끌어당김의 법칙》, 마이클 로지에, 웅진윙스

이 책은 제목 그대로 '끌어당김의 법칙'을 다룬 책이다. 세계적인 자기계발 베스트셀러 《시크릿》 역시 끌어당김의 법칙을 주요하게 다루었다. 긍정적인 생각을 하면 긍정적인 일이 발생하고, 부정적인 생각을 하면 부정적인 일이 발생한다. 《끌어당김의 법칙》은 무엇보다 자기 자신의 사고방식, 세상을 바라보는 방법이 중요하다는 것을 이야기한다. 미국의 자기계발서는 이러한 종류의 이야기가 많다. 이 책은

《시크릿》과 더불어 끌어당김의 법칙을 알기 쉽고 읽기 편하게 전달한다. 나는 모든 자기계발서 내용 중에서 가장 중요한 메세지가 끌어당김의 법칙이라고 생각한다. 먼저 할 수 있다고 생각해야 실천할 수 있고 노력할 수 있다. 할 수 없다고 생각하면 아무것도 이룰 수 없다. 끌어당김의 법칙은 가장 기본적인 것, 즉 나도 할 수 있다는 생각에 영향을 준다.

7. 《재능은 어떻게 단련되는가》, 제프 콜빈, 부키

많은 사람이 자기계발서는 '하면 된다', '긍정적으로 생각하라', '목표를 적어라' 등의 말만 한다고 간주한다. 하지만 자기계발서는 노력하는 방법에 대해서도 많은 이야기를 한다. 특히 최신 심리학 연구를 바탕으로 어떻게 노력해야 최대의 효과를 얻는지를 많이 다룬다. 단지 이렇게 노력하기 위해서는 먼저 '하면 된다'라고 생각하고 '목표를 정하는 것'이 우선적으로 필요하기에 '하면 된다'라는 식의 이야기가 더 많이 나올 뿐이다. '하면 된다'라고 생각하면 그다음에는 '어떻게 해야 하는가'의 문제가 발생한다. 이 문제를 푸는 것이 바로 방법론이다. 《재능은 어떻게 단련되는가》는 노력할 때 어떻게 해야 하는지, 어떻게 노력할 때 최소의 노력으로 최대의 효과를 얻을 수 있는지를 말해준다.

8. 《토니 부잔의 마인드맵 북》, 토니 부잔·배리 부잔, 비즈니스맵

할 수 있다는 마음만으로 저절로 목표가 이루어지는 게 아니다. 그 목표에 대한 지식을 쌓아야 하고, 목표를 달성할 방법에 대해서도 배워야 한다. 이 책은 지식을 쌓는 방법, 머릿속에서 지식들을 체계화하는 방법을 알려준다. 마인드맵을 직접 활용하지 않더라도, 최소한 글보다는 그림이나 도형이 중요하다는 것, 생각할 때 논리보다는 이미지를 활용하는 것이 중요하다는 것을 확실히 인식시켜 준다.

9. 《포토 리딩》, 폴 R. 쉴리, 럭스미디어

《토니 부잔의 마인드맵 북》처럼 지식을 습득하는 방법을 다룬 책이다. 자신이 전혀 모르는 부문에 대해서 어떻게 하면 짧은 기간에 다양한 지식을 얻을 수 있는지에 대한 방법론이다. 《포토 리딩》이 소개하는 방법은 지식을 글로 배우지 않고 이미지로 배우는 것이다. 인간 두뇌의 무한한 능력을 믿는 지식 습득 방법이다. 그런데 내 생각에 세세한 것을 외워야 하는 수험생에게는 적합하지 않은 것 같다. 이미지로 배우는 포토 리딩이 수험생에게도 효과가 좋다는 사람들이 있지만, 나는 거기까지는 동의하지 않는다. 하지만 수험생이 아니라 한 분야에 대해서 일반적 지식을 얻고자 하는 사람들에게는 아주 좋은 방법이다.

10. 《부자 아빠 가난한 아빠 1, 2》, 로버트 기요사키·샤론 레흐트, 황금가지

부자가 되는 데 학교 공부가 중요한 게 아니라는 것을 말해주는 대표적인 책이다. 1997년에 이 책이 발간된 이후 세계적인 베스트셀러가 되었고, 당시 한국에서도 선풍적인 인기를 끌었다. 학교 공부를 잘하는 것과 사회에서 성공하는 것은 특별한 관련이 없다는 것, 그리고 부자가 되기 위해서는 다른 어떤 전문 지식보다 실질적인 재무 지식이 중요하다는 것을 설득력 있게 제시한다. 이 책은 자기계발 분야, 그리고 '부자 되기'를 다룬 책 분야에서 새로운 고전이 되어가고 있다.

나는 자기계발서를 읽고 벤츠를 샀다

1판 1쇄 2014년 6월 12일
1판 8쇄 2022년 8월 16일

지은이 최성락

기획·책임편집 김성수 디자인 이정민 교정 네오북(김연정)
마케팅 김선진 배희주
브랜딩 함유지 함근아 김희숙 박민재 박진희 정승민
제작 강신은 김동욱 임현식 제작처 영신사

펴낸곳 ㈜교유당 펴낸이 신정민
출판등록 2019년 5월 24일 제406-2019-000052호

주소 10881 경기도 파주시 회동길 210
문의전화 031.955.8891(마케팅) 031.955.3583(편집) 031.955.8855(팩스)
전자우편 gyoyudang@munhak.com

인스타그램 @thinkgoods | 트위터 @thinkgoods | 페이스북 @thinkgoods

ISBN 978-89-546-2497-8 13320

■ 아템포는 ㈜교유당의 실용 브랜드입니다.
이 책의 판권은 지은이와 ㈜교유당에 있습니다.
이 책 내용의 전부 또는 일부를 재사용하려면 반드시 양측의 서면 동의를 받아야 합니다.